再版说明

荆三隆教授所著的“三隆讲经堂”系列图书，包括《金刚经新解》《百喻经新解》《圆觉经新解》《佛蕴禅思》和《佛道名言品鉴》。其以简明的语言，由浅入深，由此即彼，将佛典中的精华部分一一阐释给读者。自 2007 年出版以来，该书系一直受到广大读者的喜爱。在此契机下，我们重新打造“三隆讲经堂”系列图书。为了在内容方面尽量保持原貌，根据作者的意见，我们保留了初版和再版时的前言和后记，以反映陆续修订的过程。我们对整套书按照现行的出版要求重新设计、加工，以全新的面貌奉献给广大读者，希望继续关注和喜爱。

目　录

引　言

佛教是中国传统文化的重要组成部分，其义理学说是古代思想武库中的精品。有人说佛学是哲学，是人类历史上最庞大的唯心主义思想体系，包括人生论、宇宙论，有对自然、社会、人生的完整看法；有人认为佛学不仅是教义，还是历史与文化的结合，是内容广泛的文化遗产，其绘画、雕刻、建筑、文艺等，都体现出民族智慧的精粹；我们认为它是一种最典型的宗教，也是世界上最古老的宗教。它已经有了两千五百多年的历史，在世界三大宗教中，它的产生比基督教早大约五百年，比伊斯兰教早大约一千年。在长期的发展和演变中与各国的本土文化相融合，表现出很强的适应性，形成了众多的宗派，不仅具有认识意义，而且具有现实意义。这也是我们在撰写本书时，力求揭示和反映的问题。

《百喻经》由九十八个独立的比喻故事构成，全文两万余字，结构形式单一，每篇都采用两步式。第一步是讲故事，是引子；第二步是比喻，阐述一个佛学义理。两者既结合，又各有其妙。前一步内容浅显易懂，学童可解；第二步是意旨所在，直令“鸿生巨儒”“瞠目结舌，不能诠解”。因此雅俗共赏，可以说是它的突出特点。1914 年鲁迅先生施六十块大洋给南京的金陵刻经处，刊印一百本《百喻经》赠送友人，在今天上海山阴路的鲁迅纪念馆里，还存有样本。毛泽东在《中国革命战争的战略问题》和《在延安文艺座谈会上的讲话》中分别引用的两个佛典“一厢情愿”与“空中楼阁”，出自于《百喻经》中的“田夫思王女喻”和“三重楼喻”，其影响可见一斑。

本书以汉语系大藏经《大正新修大藏经》所收的四卷本为工作底本。根据文章和篇章结构重新加以标点和分段；注释部分尽量采用删繁就简的原则，以句为主，兼顾数词一句，依次进行；全译部分以直译为主，目的在于为读者阅读时提供一些便利；辨析部分只是笔者的一点心得，并不囿于各家的不同看法，可谓管窥蠡测的一孔之见、一得之功。同时，在注释和辨析部分，作者采用了一些前期的研究成果①，尚祈读者谅解。总之，这是笔者从事东方文化研究以来完成的又一本小书，偏颇乃至舛误之处，在所难免，衷心地期望本书能得到读者的喜爱。

作　者

①主要成果包括：

《佛家名言阐释》荆三隆编著，西安电子科技大学出版社。

《佛教起源论》高杨、荆三隆著，陕西人民教育出版社。

《中国古代文化论稿》荆三隆、邵之茜著，陕西人民出版社。

《金刚经新注与全译》高杨注、荆三隆译，太白文艺出版社。

《儒佛道三家名言品鉴》荆三隆著，太白文艺出版社。

《百喻经》原文注译与辨析

一、愚人食盐喻

昔有愚人，至于他家。主人与食，嫌淡无味。主人闻已，更为益盐。既得盐美，便自念言："所以美者，缘有盐故。少有尚尔，况复多也。"

愚人无智，便空食盐。食已口爽①，反为其患。譬彼外道②，闻节饮食，可以得道，即便断食，或经七日，或十五日，徒自困饿，无益于道。如彼愚人，以盐美故，而空食之，致令口爽，此亦复尔③。

【注释】

①口爽：败坏了口味。爽，败坏。

②外道：佛教以外的其他各种哲学思想。主要指佛教产生后的六种学说，即"善恶无果论""苦乐无因论"，否定轮回的"断灭论"，宿命哲学的"常见论"和"宿因论"，以及"诡辩论"。从哲学观点看，前三种属于唯物主义派别；第四、第五种属于反对神权、王权的怀疑论或虚无思想，有进步意义；第六种游离于神学和唯物主义之间，同样被佛教所排斥。

③复尔：复，同样；尔，如此。

【译文】

愚人吃盐的比喻故事

从前，有一个愚蠢的人到别人家里去做客。那家主人请他吃饭，他嫌饭菜味道太淡。他告诉主人后，主人就热情地为他又加了些盐。他觉得加了盐后的饭菜味道很好，就自言自语道："之所以能味道好，是由于有了盐。加了一点儿就味美可口，更何况再多加些呢？"

愚蠢的人由于无知，就空口吃起盐来。吃完后却觉得味道很差，反而感受到了多吃的痛苦。这就好比那些没有正确人生理想的人，听说通过节制饮食，就可以得到人生的真谛，于是断绝饮食，经过七天或十五天的修行，除了使自己饥饿不堪之外，得不到任何有益的东西。正如那个愚蠢的人认为盐的味道好，就以盐代饭，使自己倒了胃口，那些没有正确理想的人所采取的错误方法也同样如此。

【辨析】

如果认为这则比喻揭示了这样一个道理：凡事要适可而止，要适度；任何事物都有一个限度，超过了一定的限度，就会走向事物的反面。那么这只认识了这则比喻故事的一个方面。应当看到在《百喻经》所列举的寓言中，凡以愚人命题的内容中，愚人并非指智力低下的人，而是指在思维过程中发生偏差的人。正如荀子在《修身篇》中所讲的"非是，是非，谓之愚"，即把是非混淆、颠倒了的人。本文的主人公愚人的思维方式是符合逻辑的，加一点儿盐就味美，更多的盐就会更味美，这本身是一种推理。它的错误在于把主观的判断变成了一种极端的实践，主观与客观未能达到统一。在现实生活中，把主体的认识强加到客体的做法比比皆是。把主观的想象变成盲目的实践，也会走向反面，成为盲目的蛮干，其结果也同样会“反为其患”。

二、愚人集牛乳喻

昔有愚人，将会宾客。欲集牛乳，以俟供设[1]。而作是念：我今若豫于日日中毂取牛乳[2]，牛乳渐多，卒无安处。或复酢败[3]，不如即就牛腹盛之，待临会时当顿毂取。作是念已，便捉牛牸[4]母子，各系异处。却后一月，尔乃设会迎置宾客，方牵牛来，欲毂取乳，而此牛乳即干无有。时为众宾或瞋[5]或笑，愚人亦尔。

欲修布施[6]，方言待我大有之时，然后顿施。未及聚顷，或为县官水火盗贼之所侵夺，或卒命终，不及时施，彼亦如是。

【注释】

①以俟供设：以便届时供应。俟，等待。

②豫：事前做准备，此处同预。毂（gòu）：挤。毂取牛乳即挤取牛乳。

③酢败：酢（cù），同醋。酢败，腐败变质。

④牛牸：牸（zì），泛指雌性牲畜。牛牸，母牛。

⑤瞋（chēn）：生气、发怒。

⑥布施：与，喜舍，把福利送与他人称为布施。布，指把自

己的财物分给他人；施，悦于人，包括亲切的照顾与语言的慰问。信众给僧人财物被称为财施，僧人为信众说法讲经，称为法施。

【译文】

愚人积蓄牛奶的比喻故事

从前，有一个愚蠢的人准备宴请宾客。为此他要积蓄一些牛奶，以便到时候供来宾享用。他想："如果现在每天预先挤出牛奶，积蓄多了不好保存，也许还会腐败变质。不如就蓄存在母牛的腹中，到宴请宾客时，再当场把牛奶挤出来。"想好后，他就把母牛和吃奶的小牛分开喂养。一个月后，他举办宴会，迎接宾客，这时把母牛牵来，想挤出奶来，但母牛的乳房已经干瘪，什么也挤不出来，惹得宾客们既好气又好笑。愚蠢的人往往像他这样自以为是。

如果想通过把财物分给大家的方法修行，却又说等我真正富足后，再把财物和关怀一次给予别人。可是还来不及富足，就会受到自然灾害、官府、盗贼的侵犯，总不能富有，也许到死也不能及时地把财物和关怀给予他人。这种不能随时奉献爱心的人，就如同在牛腹积蓄牛奶的蠢人一样。

【辨析】

这则比喻故事在修辞上很有特色，首先用想以牛腹积蓄奶的荒诞故事来比喻那些自以为是的人，指出这种人就是愚蠢的人。采用了明喻的方法，但却揭示了一个并不简单的道理，即主观臆断的思维方式是错误的。作为喻体的“集牛乳的人”，思考问题是很细致的，他为了在宴请宾客时能有足够的新鲜牛奶，颇费了一番心思：既考虑到一天之内在一头母牛身上是无法采集到足够奶的，又认识到如果提前一个月挤奶，不仅不便存放，而且无法保鲜。这些考虑都是正确的，但他最后却选择了一个自以为两全其美的方法“集乳”，做法多么荒唐可笑！这样比喻中的本体——自以为是、不行布施的人的错误就十分清楚了。这里留下了一个尚未回答的问题，即：怎样做才是正确的呢？如何去行动才能解决现实中的矛盾呢？看来做法也许有不同，但完美却不容易办到。

故事并没有停留在解决现实问题的具体方法上，而是把它引申到对人生与社会的考察中。采用了连续比喻、环环相扣、层层深入的手法，运用暗喻，把本体——不肯适时布施的人，直接用在喻体——自以为是集牛奶的愚人上，即不能随时布施的修行者就好比不及时挤奶的愚蠢之人。形式与内容是紧密联系的，好的方法是为了反映深刻的思想。佛教认为：释门万行，布施为先。所谓“释”指佛教，“门”指途径，“万行”就是各种方法，修行的方法尽管多种多样，但都可以扼要地概括为“布施”。在理论上，要内舍“六根”（即眼、耳、鼻、舌、身、意），外舍“六尘”（即色、声、香、味、触、法），在主观、客观两方面摆脱世俗的诱惑。在实践上，要首先从舍财做起。因为衣食是生存的基础，人往往把金钱看得重，只有淡化它，贪吝之心才能变成自在之心。今天看来，舍包含着奉献，舍不了的人，就很难全心全意地为社会做工作。

问题还在深入。明确了要不要舍的认识，对于要修行的人，或者说决心追求真理的人们，就要从自身做起，从现在做起。认为把财物分给他人是有钱人的事，或者说等到自己富有了，再舍予人的想法也是错的。佛教哲学中对于人生、社会的理解很自然地在这里表达了出来。人能否富有，要受到条件的制约，人生下来就要面对自然与社会两大现实，这两大现实并不以个人的意志为转移。这种认识很有见地。个人在自然与社会中就好比一条流动的小溪，只有汇入生存环境的江河，才不至于干涸；而社会就好比长江大河，在奔腾中也会遇到急流险阻。在大潮中涌动的个体，其所能产生的作用是十分有限的。因此我们说，向大处着眼，首先应该从小处做起；向未来追寻，也应从现在开始。

三、以梨打破头喻

昔有愚人，头上无毛。时有一人，以梨打头，乃至二三，悉皆伤破。时此愚人，默然忍受，不知避去。傍人见已，而语之言：“何不避去，乃往受打，致使头破？”愚人答言：“如彼人者，憍慢恃力[①]，痴无智慧，见我头上无有发毛，谓为是石，以梨打我，头破乃尔。”傍人语言：“汝自愚痴，云何名彼以为痴也？汝若不痴，为他所打，乃至头破不知逃避？”

比丘[②]亦尔。不能具修信戒闻慧[③]，但整威仪，以招利养[④]。如彼愚人被他打头，不知避去，乃至伤破，反谓他痴。此比丘者，亦复如是。

【注释】

①憍慢恃力：憍，同骄；慢，佛教名词，意指傲慢自负；恃（shì），依赖。

②比丘：在巴利语、梵语中的原意为乞食者，旧译为乞士。最初，在婆罗门教中，把处于人生第四期，即遁世期的游历四方的修行者称为比丘或游行者。佛教兴起后，各种教派都把托钵行乞的修行者称作比丘。佛教采用了这个名称，通常指出家修行的

男性信徒。以后，在佛教戒律体系确立后，则专指出家得度受过具足戒、年满二十岁的男性修行者。(参见高杨、荆三隆《金刚经新注与全译》)

③具修信戒闻慧：具修，具备了根据佛教教义而进行的修行；信、戒，皆为佛教名词，意为对佛教的教义、原理坚信不疑，遵守为出家和未出家修行的信众制定的戒律，即行为、道德的制约；闻慧，接受智慧。

戒、慧是礼佛信众信持的三种学业，即戒、定、慧的重要内容。在三者之中，前二者是方法，慧才是目的。慧，又称增上慧学，指通晓事理、断难决疑的能力，无厌、无欲，获得解脱，深悟四谛、八正道、十二因缘。(参见高杨、荆三隆《佛教起源论》)

④招利养：带来利益和供养。利，佛教名词，意为迅速、锐利。

【译文】

用梨打破光头的比喻故事

从前，有一个愚蠢的人没有头发。一天有人用梨打他的头，连打了两三次，都打伤了他的头。这个愚人一声不吭，默默忍受着，也不躲避。旁边的人看见这种情况，问他说："你怎么不躲开呢？竟站着挨打，以至于头破血流？"愚人回答说："像他这样的人，傲慢自负，依仗蛮力，愚蠢得没有头脑，见我头上没有头发，认为是石头，所以用梨打我的头，搞得我头破血流。"旁人说："你自己愚昧，怎么还说他愚蠢呢？你如果不是无知，在他打你时，为何直到头破血流还不知道躲避呢？"

在那些修行的男子中也同样有这样的人。不能领会佛教教义的精髓，信守戒律、禅定、智慧三学，只是注重表面的形式，以求很快地得到收益供养。这样做就像那愚蠢的人，别人打他的头，不知躲避，才被打得头破血流，反而说打人者是痴傻的人。这样的信徒与愚蠢的人是一样的。

【辨析】

佛教理论中有忍的内容。在《成唯识论》中有“耐怨害忍，安受苦忍，谛察法忍”。忍具有智者的含义，因而在《六度集经》中有“忍不可忍者，万福之原”之说。作为一种认识，主要还是要求信众能够安于苦难，毫无怨言。其“忍”的本义是一种认识论范畴的“智忍”，但佛教的教义中并无自愿承受别人无端加害的内容。因此，愚人被打而不知躲避，反以“智者”的态度去对待打人的恶人，在高僧们看来是可笑的。这种愚蠢的行为就好比皈依佛教的信徒，不能从参悟修持佛教三学，即戒、定、慧上深入，只求表面形式，欲求速成、取得利益的行为一样，是愚昧的表现。

在佛学里，可以认为：忍是美德，但不是避恶、纵恶。它与“打你的左脸，再把右脸给他”的做法是不同的。在寺庙中，大殿的两侧供奉着“二十天”，就是保护佛教的二十位天神，可谓“天网恢恢”，为恶者阎罗王是不会放过、轻饶的。以武学闻名天下的少林寺更有“武以寺名，寺因武显”的说法。作为中国佛教禅宗的祖庭，少林寺始建于北魏太和十九年（公元495年），发展到隋唐以后，与国家的政治往往息息相关，绝非与世无争。从隋末的护寺，到初唐的十三棍僧助秦王、明代的抗倭寇，其以力抗暴的特征是明显的。尽管东土禅宗初祖菩提达摩在少林寺授拳之说论据不足，但初祖剃度的门人习武者甚众是不可否认的史实。笔者忖度，北魏杨衒之根据亲身经历著述的《洛阳伽蓝记》中介绍，达摩自称一百五十余岁，见永宁寺的壮丽后口唱南无，合掌连日，由此可见达摩此人应当可信，年事已高亦是事实。从常理讲，一个南印度人在梁大通元年（公元527年）由海路到达广州，与梁武帝论辩佛法因心得不合就飘然一苇渡江到北国，这样的人身体不能是不堪一击的，而气度、心志也绝非等闲。千里迢迢，化斋问路，打狗驱狼也多少练就一些防身之法，且年事已高又漂泊在外，也不可能不讲究一点儿身轻体健之术。中华文化中对于长寿之道是精研有方的，从秦皇至汉武都曾遍寻长生不老之术。在这样的文化氛围中，常常与众佛门弟子讲经的达摩，当然会言及养身、防身之术。有如此高僧的点化，加上众僧的补充、演习，日积月累成为一种拳术，则是十分合理的。而由达摩倡导并身体力行的养身防身之法，在广收民间武术精华的基础上，经过历代少林众僧的群策群力，从而发扬光大成为中华武术的一大源流。这正反映了中国传统文化的支脉佛教文化兼容并包、惩恶扬善的特色。

“浮屠善幻多技能，少林拳法世稀有。”少林神拳除暴安良名扬天下，在其形成和发展中，不仅仅表现出师徒相续、口传心授的“技能”，而且形成了系统的理论。少林武学著述大致有：明代万历年间程冲斗所著的《少林棍法禅宗》，是少林武术现有的最珍贵的资料；清末，在上海《天铎报》副刊发表的传抄本《少林宗法》和辛亥革命之后，中华书局出版的署名“尊我斋主人”的《少林拳术秘诀》，此二书内容相仿。此外，还有《少林内功秘传》以及在民间流传百余年，长期以来被视为少林内功秘本的《易筋经》。清光绪年间，王祖源在少林寺“尽得其《内功图》”，经其删改，与《十二段锦》合刊刻成《内功图说》，流传较广，获得较高评价。少林拳法在国外也得到广泛传播，从明朝的陈元斌东渡日本江户（今东京）国正寺授徒到现代宗道臣 20 世纪 30 年代在少林寺学艺，迄今已有三百多年的历史了。后者 1946 年归国后编撰出版了《少林寺拳法》多种，在 1980 年春第六次访华时，特地在少林寺立碑，上书“宗道臣大和尚归山纪念碑”，以示饮水思源。其少林拳法联盟学员竟达百万之众。因此，佛门武学在理论和实践上是统一的、完整的，反映佛家之忍绝非“愚忍”，其隐忍清澄的内学与“顿足”而“惊沙”，“翻身”而“狮吼”的雄风外力并行不悖，是华与质，即内容与形式结合的一种具有中国特色的完美的整体。

四、妇诈称死喻

时有愚人，其妇端正，情甚爱重。妇无直信[①]，后于中间共他交往，邪淫心盛，欲逐傍夫[②]，舍离己婿。于是密语一老母言："我去之后，汝可赍[③]一死妇女尸，安著屋中。语我夫言，云我已死。"老母于后，伺其夫主不在之时，以一死尸置其家中。及其夫还，老母语言："汝妇已死。"夫即往视，信是己妇，哀哭懊恼。大积薪油，烧取其骨，以囊盛之，昼夜怀挟[④]。妇于后时，心厌傍夫，便还归家。语其夫言："我是汝妻。"夫答之言："我妇久死，汝是阿谁，妄言我妇。"乃至二三，犹故不信。

如彼外道，闻他邪说，心生惑著，谓为真实，永不可改。虽闻正教，不信受持[⑤]。

【注释】

①直信：坦白诚实。

②欲逐傍夫：急欲追随情夫。

③赍（jī）：送去，本文可当找来讲。

④怀挟：放在怀里。

⑤受持：受，佛教名词。指客体对主体，即客观对人在生理

和心理等各方面的影响。持，把握、控制。

【译文】

妻子假称已死的比喻故事

从前有一位愚蠢的人，他的妻子长得端庄大方，他很喜爱和敬重她。但妻子不坦白诚实，后来和别的男子有来往，欲火中烧，急欲追随情夫，抛弃自己的丈夫。在离家前，她偷偷地嘱咐一位老太婆说："我走后，你找来一具妇女的尸体放在我屋里，告诉我丈夫，说我已经死了。"后来老太婆趁她丈夫不在时，把一具女尸放在屋里。那丈夫回来后，老太婆就对他说："你妻子已经死了。"他过去看了后，认为是自己的妻子，哀伤哭泣，十分痛苦。他堆起木材，浇上油，将尸体烧成灰，用袋子盛起来，日夜都揣在怀里。后来这个妻子厌倦了她的情夫，便回家对丈夫说："我是你的妻子啊！"丈夫回答说："我妻子已死去很久了，你是什么人，竟胡说是我妻子？"尽管她再三说明，她丈夫都不信。

这就像接受了其他教派一样，听到了异端邪说，心中产生了疑惑，并认为是真理，永远也不改变。虽然以后听到正确的东西，也不能相信并从内心把握和接受它。

【辨析】

本文有深刻的社会生活内容，涉及家庭、感情、人际关系。这三条线索贯穿始终，而且每一个线索都展现了一幅生活画面，寄寓着一个说也说不完的主题。这些内容体现了佛教高僧潜移默化的教化方式和对社会生活的深刻认识。在这一明线上，三条线索之后推出了一个用明喻修辞手法表现的寓意，在寓意之中又含有一层曲喻，使人读来如海上行船，虽碧海蓝天风平浪静，却有水深莫测险象潜行之感。具体地说：

夫妻关系，这是一个古老而又永远新鲜的生活内容。有一个情真意笃的丈夫，却未必有一位坦白忠诚、相濡以沫的妻子。反之也一样。

情人关系，是人们讳莫如深却又无法回避的现象。

朋友关系，可以表述为友谊或利益关系。本文中妻子与老太太的关系就是一例。在愚人的后面，这两个人对一切都是十分清楚的，却狼狈为奸，相约共谋，以求瞒天过海，以假乱真。这种人际关系所能产生的作用，难道对人没有启示吗？

在三条线索的发展中，丈夫因妻子的“死”而情痴，情夫最终被抛弃，而妻子悔悟后回家被丈夫拒绝。由此用已经不辨真假的愚人比喻在思想上已经误入歧途的人是很难判断正确与错误的。从而又曲折地喻示出“外道”的力量是不容忽视的。

外道的内涵包括两方面，在印度，指除佛教外的其他学派，包括弥曼差派哲学、顺世派、六师外道、数论派、瑜伽派、耆那教、吠檀多派等哲学派别。在中国，主要指当时诸子百家中影响最大的儒道两家思想。佛教传入中国后，在与儒道两家长期的交锋中相互融合、相互吸收，在唐代形成了三家合流的局面。关于三家在思想上的联系可参看拙作《儒佛道三家名言品鉴》一书。

五、渴见水喻

过去有人，痴无智慧。极渴须水，见热时焰①，谓为是水，即便逐走至辛头河②。既至河所，对视不饮。傍人语言："汝患渴逐水，今至水所，何故不饮？"愚人答言："若可饮尽，我当饮之。此水极多，俱不可尽，是故不饮。"尔时众人闻其此语，皆大嗤笑。

譬如外道，僻取其理，以己不能具持佛戒，遂便不受。致使将来无得道分③，流转生死。若彼愚人，见水不饮，为时所笑，亦复如是。

【注释】

①热时焰：光线通过不同密度的空气层时，折射的影像、幻景，在干旱且温差大的地方易产生。

②辛头河：音译，印度河。

③道分：指对佛教教义的领会、觉悟。

【译文】

渴见水却不喝的比喻故事

从前有一位愚蠢又不通事理的人，口干渴极了，要马上喝水。他看见由热气流升腾经阳光折射而成的幻影，以为是水，立即追赶这片虚幻的“水气”，一直到了印度河。到了水边，他面对着河水却不喝。旁边的人对他说：“你如此干渴，追逐寻找水，现在到了河边，为何不痛饮？”愚蠢的人回答说：“如果能将水喝干，我就喝，可这河水滔滔不绝，不可能喝完，因此才不喝。”当时在周围的人听了这话，都大声地讥笑他。

这就好比其他学派，用巧取的诡辩来掩饰自身，不能用佛家的行为和道德来约束，因此不接受它。这样就不能觉悟，在生死轮回中承受苦难。这与那位愚蠢的人，口渴找到了河水却又不喝，被人们讥笑的道理相同。

【辨析】

细心的读者不难发现，在故事的结尾，愚人的行为已经与初衷发生了背离。前者，即开端问题在于“口渴找水”；后者，即结果是“能不能把水喝完”。由佛教的教义来看，世人尽管不是愚人，至少也是未“开智”之人，他们总是在“有我”之中绕圈子，永远也无法满足。要想彻底解脱，只有达到“无我”的境地，才能不再患得患失。一个人贫穷，就难免想有财富，有了财富又要名声、地位、长寿，永无休止，也永不安宁。口渴要喝水，有了水，还非要喝完不可。在纷扰的现实生活中，能够从中体察出一点儿有价值的思想，即防止永无止境的利欲之心，是完全有必要的。

人们在思想上，也能够意识到欲望的永不满足和贪婪给人生、社会带来的苦果，但往往在现实中却又难以控制自己，从而在泥潭中越陷越深。这里我们跳出佛教轮回的教义不谈，仅从一般做人的道理来看，人生还是洒脱一点儿好，“人到无求品自高”。

六、子死欲停置家中喻

昔有愚人，养育七子，一子先死。时此愚人，见子既死，便欲停置于其家中，自欲弃去。傍人见已而语之言："生死道异，当速庄严①，致于远处而殡葬之。云何得留，自欲弃去？"尔时愚人，闻此语已，即自思念："若不得留，要当葬者，须更杀一子，停担两头，乃可胜致②。"于是，便更杀其一子而担负之，远葬林野。时人见之，深生嗤笑，怪未曾有。

譬如比丘，私犯一戒，情惮改悔③，默然覆藏，自说清净④。或有知者，即语之言："出家之人，守持禁戒，如获明珠，不使缺落。汝今云何，违犯所受，欲不忏悔！"犯戒者言："苟须忏者，更就犯之。然后当出。"遂便破戒⑤，多作不善，尔乃顿出。如彼愚人，一子既死，又杀一子，今此比丘，亦复如是。

【注释】

①庄严：此处指慎重地入殓、安葬。佛教徒在人死后，请人诵经，以求超度，认为这样可以救度亡灵，超脱苦海。

②胜致：胜，顺利；致，到达、送到。

③情惮改悔：心里害怕改正悔过。情惮（dàn），害怕。

④清净：佛教术语，指远离罪恶行为，离开世俗烦恼的状态，通常包括身、语、意，即行为、语言、意识三个方面。

⑤破戒：破坏戒律、规定。大小乘不同，戒律也有所区别。通常有五戒、八戒、十戒、具足戒等。小乘佛教的五戒为杀生、偷盗、邪淫、妄语、饮酒，大乘佛教十重禁戒除前五戒外尚有说过罪、自赞毁他、悭、瞋、谤三宝等。

【译文】

儿子死后想放在家里的比喻故事

从前，有个愚蠢的人养育了七个儿子，有一个儿子死了。这个愚人见孩子已死，就想将他的尸体留在家里而自己离去。周围的人见到这种情况，就对他说：“生与死是截然不同的，应该尽快慎重地将尸体送到远处安葬。为什么把尸体留在家里，自己远离呢？”愚人听了这些话，心里思量道：“如果不能将儿子的尸体留下来，而应当安葬的话，就要再杀死一个儿子放在担子的两头，保持平衡，这样才能顺利送到墓地。”于是，他又杀死了一个儿子，在担子的两头各放一具死尸，埋葬在远处林中的野地里。人们见到这种行为，都十分强烈地讥笑他，从未见过这种愚蠢的人。

好比修行的佛教徒，自己犯了戒律中的一条，又怕公开承认错误，悄悄地掩盖起来，自己表示在行为、语言、思想上远离了罪恶。如有知情的人，对他说：“出家修行的人，应当自觉遵守戒律，就像爱护明珠一样，不让它受到损坏。你现在为什么违犯了受持的戒律，还不悔过？”犯了戒律的人说：“如果一定要悔过，那就再去犯戒律，然后一起悔过。”接着就破除了戒律，做了许多坏事，从而被赶出了佛门。这正如愚蠢的人，一个儿子死了，又杀了一个儿子。这位被赶出佛门的人，也同样如此。

【辨析】

这个比喻故事由愚人丧子而为了保持担子的平衡，又杀一子放于担子另一边埋葬的荒诞行径做引子，比喻修行的释门弟子不依戒行事，隐瞒过失，以致贻误自身。这至少给了我们一点儿有益的启示：防微杜渐，免成大患。认识错误是走向正确的前提。如果知错不改，文过饰非，是难以有所建树的。

事实上，智慧的人与愚蠢的人最大的区别正是在于能够常常反省自身，知错就改。古往今来，几乎所有能够改造社会的人，恰恰都是能把握自身，首先改造自己的人。孔子“吾日三省吾身”，时时检查自己的举止言谈，一部《论语》百代千秋相传，然而多少显赫一时的王侯将相，今日人们可知其几人？大家熟悉的秦始皇，人皆称暴君，生前逼迫国人修陵墓、筑长城，今日都成为历史奇迹；一统天下后，专横残暴，很快就被推翻了。但考察一下他未成大业之前的行为，不难看出他绝不是个不听劝告的人，而是一个在大事上英明决断、知错必改的人。秦代几乎没有留下什么文学作品，但流传至今，被从事理论研究的专家一致称道的论说文范文《谏逐客书》，恰恰是以后做了宰相的李斯在秦国当客卿期间，当他将要被驱逐出秦国时写的一篇上书。对这篇批评的文章，秦始皇读后不仅接受了言辞犀利的指责，而且立即改错，下令急速追回李斯，并任命他担任了全国的司法首长廷尉的职务。秦代文学留给后世的名作，恰恰是一篇劝谏、批评的文章。因此我们说聪明人正是能很快地发现和改正错误，并不重犯同样过失的人；愚蠢的人就是知错不改、执迷不悟，甚至变本加厉、错上加错的人。

七、认人为兄喻

昔有一人，形容端正，智慧具足[①]，复多钱财，举世人间，无不称叹。时有愚人，见其如此，便言："我兄。"所以尔者，彼有钱财，须者则用之，是故为兄。见其还债，言："非我兄。"傍人语言："汝是愚人，云何须财，名他为兄，及其债时，复言非兄。"愚人答言："我以欲得彼之钱财，认之为兄，实非是兄，若其负债，则称非兄。"人闻此语，无不笑之。

犹彼外道，闻佛善语，贪窃而用以为己有。乃至傍人教使修行，不肯修行，而作是言："为利养故，取彼佛语，化道众生[②]，而无实事，云何修行？"犹向愚人，为得财故，言是我兄，及其债时，复言非兄，此亦如是。

【注释】

①具足：具备、满足。如《金刚经》有：如来具足五眼。《法华经》有：色香美味皆悉具足。

②众生：主要指人类，也泛指世间一切生物。佛教认为，一切众生以其诞生方式的不同可分为四种，即四生：胎生，指一切由母胎而生的动物，如人和兽；卵生，指一切由卵化而生的动物，

如鸟；湿生，指一切由湿气而生的动物，如虫；化生，指无所依托，自然而生者，如神、幽灵等。

【译文】

认人为兄的比喻故事

从前，有个人容貌端正，举止大方，具有渊博的学识，又很富有，社会上的人没有不称赞他的。当时有个愚蠢的人，见到他有这样的身份，便称他是“我的兄长”。之所以这样，是因为他有钱，在急需的时候，可以借用，才称他为兄。后来看见这位兄长给别人还债，他讲：“这人不是我哥哥。”周围的人听了，说：“你是个愚人，为何在需要钱的时候就称他为兄长，到他负债时又说不是兄长了呢？”愚人回答：“我以前想得到他的钱财，才认他为兄长，实际上他并不是我哥哥。如果他欠了债，我就不需要再称其为兄了。”人们听了这番话，没有不耻笑他的。

这好比那些没有人生理想的人，听到了佛家有益的道理，就为己所用。等到别人劝他身体力行、修善布施的时候，就推托说：“只是为了利益和需要，才借用佛家的道理来告诫社会大众，而并无心去实践，又怎能去修善布施呢？”这就像那愚蠢的人，为了得到金钱，就说别人是自己的兄长，等人欠债时，又说他不是自己的哥哥。两者的道理是一样的。

【辨析】

这篇比喻故事有一定的世俗性和现实意义。它的普遍意义在于指出并讥讽了认钱不认人的处世方法和态度。认“孔方兄”、钻钱眼的现象古今中外并不少见，但由此喻指只说不做、有言无行的人，就显得深刻了。如果说是劝人向善，它是委婉的；说它是批评、指责，则采用了一种对比参照的方式，由此及彼，轻传妙接，运用比喻把两种行径对照，一俗一雅，一直一曲，最终托出意旨——参悟佛理，重在实践、修持。它反映出佛教在传播过程中，进行宣讲、解说时的通俗性，更显示出其不容忽视的推理、逻辑力量。

通俗或现实性，是指在商品经济或自人类进入文明社会之后，都必须面对货币金钱。认钱不认人固然可耻，但无钱也确实是寸步难行，正所谓“一文钱难倒英雄汉”。作者的高明之处，在于以现实生活中的现象铺路，将主旨引到了对人生真谛、理想的追求上，可谓确切精到，透彻入理。人类社会发展至今，理想与现实总是有距离的，理论与实际也总是有距离的，但是我们却发现，善于引导人的高僧对那些承认佛理之精深，但又不愿修行自持的人，采用了渐进式的引导。用愚人只认钱来对照、比喻只说不做的弊病，虽指礼佛子弟，但对士林中人亦不无讥讽，对后来的学者、研究者亦有启迪的作用。人们都认识到了拜金主义的危害，但在生活中能够正确对待和处理金钱与人格、现实与理想关系的，还只是一少部分人。能自甘清贫和寂寞去追求人生理想，把理想变成不懈的努力、现实的行动并不容易。

八、山羌[1]偷官库喻

过去之世，有一山羌，偷王库物而远逃走。尔时国王遣人四出，推寻捕得[2]，将至王边。王即责其所得衣处。山羌答言："我衣乃是祖父之物。"王遣著衣，实非山羌本所有故，不知著之。应在手者，著于脚上，应在腰者，返著头上。王见贼已，集诸臣等，共详此事，而语之言："若是汝之祖父已来所有衣者，应当解著。云何颠倒，用上为下？以不解故，定知汝衣必是偷得，非汝旧物。"

借以为譬：王者如佛，宝藏如法[3]。愚痴羌者，犹如外道，窃听佛法，著已法中，以为自有，然不解故，布置佛法，迷乱上下，不知法相[4]。如彼山羌，得王宝衣，不识次第[5]，颠倒而著，亦复如是。

【注释】

①山羌：居住在山林之中，以猎、牧为生的人。

②推寻捕得：推寻，打探寻找；捕得，追捕到。

③法：佛教的重要理论范畴。原始佛教认为：法是贯穿于物质世界和精神世界的规律，一切物质世界的现象和人的精神、意识都是法的表现。宇宙间的一切现象既是瞬息万变的，又是统一

的、互相联系的。人的认识的根本目的就在于通过自己精神的“反观内照”来认识法，从而得到真正的精神解脱。传说中佛陀在菩提树下的成正觉，即大彻大悟的智慧，就是认识了法，从而获得了彻底解脱的认识。但“法”这一理论范畴并非创自佛教，其来源可追溯到《梨俱吠陀》，在它的诗句里“法”已有了秩序、特性的含义。到了《梵书》中,“法”则包含了统治阶级的道德准则，成为明确四种姓义务的社会秩序。以后随着奴隶制的发展,在《奥义书》和《经书》中，“法”又进一步变成了维护统治阶级利益的最高法律。释迦牟尼在创立佛教时借用了“法”这个范畴，并赋予了新的含义，使之成为支配自然现象以及人类精神活动的普遍规律。佛典中所谓“法建世间”的含义充分表现了“法”的重要意义。

④法相：主要有六种含义。分别是指：各种法的特质，对事物的观念,诸法的差别与形态,现象存在的形态,事物存在的形态,现象界的事物。本文指一切事物的真实形态，诸法的本性，即真理的特质。参见《维摩经》《法华玄义》,鸠摩罗什译《小品般若》等。

⑤次第：等次、位次，本文指使用的方法。

【译文】

山民偷国库的比喻故事

很久以前，有一位居住在山林的人，偷了国王仓库的东西后逃到了远方。国王知道后，立即派人四处打探寻找，终于捕获了山民。山民被带到国王面前，国王马上追问山民衣物的来源。山民回答："这衣服是我祖父留给我的。"国王让山民把衣服穿好。由于衣服确实不是自己的，所以山民不知道怎样穿。应该穿戴在手上的，却套在了脚上；应当扎在腰上的，却围在了头上。国王见了，确定山民是贼无疑，召集大臣讨论这件事，并对山民说："如果是你祖父留给你的衣物，你应熟悉这些衣物的穿法，为什么上下颠倒，戴在手上的却穿在脚下？因为不会穿，所以知道你的衣服肯定是偷来的，而不是你原有的衣物。"

借这个故事做比喻：国王好比佛学，国库的财产好比自然与认识的规律。愚蠢无知的山民，像其他各种思想派别，听到一些佛教的教义，就认为已经掌握了认识自然与现象的规律，自以为是，但并不能理解它的实质，就妄加断言，思维逻辑颠倒，不认识一切事物的真实形态、本性，以及真理的本质意义。这与山民得到国王的衣物，不懂怎么使用，上下颠倒地穿戴的道理一样。

【辨析】

这是一个聪明理智的国王和狡黠山民之间的传说故事。如果仅从"智力"的角度来考察，国王与山民都应归为"智者"。国王得知国库失窃，并不放任不管，而是派人四处查访，表现了维护国家秩序的坚定信念；山羌（羌，我国南北朝时少数民族的族名，早在殷周时就杂居中原，原译文用此译法，我们理解为山民更加妥当）盗取国库之物，远逃而去，虽终被缉拿归案，并非失之于察，而是失之于力量的弱小。国王逮住山民并未严加拷打，而是以智取人；山民并未绝望，而是极力狡辩。但是，假的就是假的，是非黑白不容混淆。从这个角度上讲，这个故事本身是有认识意义的。至于比喻部分，颇有玄机，其“法”的佛家内涵中，具有辩证思维的特质，学者应认真探究，不应一概而论、妄自菲薄。

九、叹父德行喻

昔时有人于众人中，叹己父德而作是言："我父慈仁，不害不盗，直作实语，兼行布施。"时有愚人，闻其此语，便作是言："我父德行，复过汝父。"诸人问言："有何德行？请道其事。"愚人答曰："我父小来断绝淫欲[①]，初无染污[②]。"众人语言："若断淫欲，云何生汝？"深为时人之所怪笑。

犹如世间无智之流，欲赞人德，不识其实，反致毁訾[③]。如彼愚者，意好叹父，言成过失，此亦如是。

【注释】

①淫欲：在性行为上放纵，违反社会道德。本文指性行为。

②初无染污：从未与异性有过接触。

③毁訾（zǐ）：诋毁议论。

【译文】

自己赞誉父亲人品的比喻故事

从前，有个人在大家的面前赞誉自己父亲的人品："我父亲仁慈宽厚，不损害他人，不拿不义之财，行为正派，实话实说，并能够关心和帮助别人。”这时有一个愚蠢的人，听到这些话，就接着讲：“我父亲的品行超过您的父亲。”大家便问：“有什么品行呢？请具体说一说。”愚人回答：“我父亲从小就断绝了性行为，从未与异性接触，做不干净的事。”大家发问：“如果他断绝了性行为，怎么会生下你呢？”惹来了大家的一片讥笑声。

这就像社会上没有常识的人，想称赞别人的品德，但不了解实际情况，反而会招来人们的诋毁和议论。这和愚蠢的人本意是赞誉父亲，却由于表达不当而惹人讥笑的道理一样。

【辨析】

尊重父辈长者的传统在东方国家由来已久。在我国不仅对父母要讲究孝道，而且在封建专制社会还有“君要臣死，臣不能不死；父要子亡，子不能不亡”的法规。这虽然已成为历史的陈迹，但是在传统文化的传播上，为“长者讳、尊者讳”的格言，仍然有现实意义。我们认为，在人生漫长的旅途中，总会遇到一些自己不能把握或者把握错了的事情，从而造成难以弥补的遗憾。后来者若能引以为戒，以“前事不忘，后事之师”的眼光来看待它，不仅是一种理解，也可以说是个人品德的表现。我们有理由比前人做得好些，却没有理由横加指责。本文描写的两个不同的人，从初衷上看是相同的，但结果却相去甚远，问题的症结在哪里呢？

佛家有“一花一世界，一树一精神”的说法。在自然中，就算认起真来，也找不到两片完全相同的叶子，在世界上亦无两个完全相同的人。但作为人，有一点在生活中是相同的，就是都需要理解、信任、关心、鼓励和充满爱的心。孩童需要鼓励，老者也同样如此，也许在经过了许多风风雨雨、悲欢离合的岁月之后，更需要也更能体会出鼓励和尊重的内涵和意蕴。当然适当的方法和善意表彰的意愿要统一。要想使动机和效果相合，把握分寸就显得相当重要了。

十、三重楼喻

往昔之世，有富愚人，痴无所知。到余富家，见三重楼，高广严丽，轩敞疏朗①，心生渴仰②，即作是念：“我有财钱，不减于彼，云何顷来而不造作如是之楼？”即唤木匠而问言曰：“解作彼家③，端正舍不？”木匠答言：“是我所作。”即便语言：“今可为我造楼如彼。”是时木匠即便经地垒墼④作楼。愚人见其垒墼作舍，犹怀疑惑，不能了知。而问之言：“欲作何等？”木匠答言：“作三重屋。”愚人复言：“我不欲下二重之屋。先可为我作最上屋。”木匠答言：“无有是事，何有不作最下重屋，而得造彼第二之屋？不造第二，云何得造第三重屋？”愚人固言：“我今不用下二重屋，必可为我作最上者。”时人闻已，便生怪笑。

咸作此言：“何有不造下第一屋而得上者？譬如世尊四辈弟子⑤，不能精勤修敬三宝⑥，懒惰懈怠，欲求道果⑦，而作是言：‘我今不用余下三果⑧，唯求得彼阿罗汉果。’亦为时人之所嗤笑。如彼愚者，等无有异。”

【注释】

①轩敞疏朗：轩敞，高大宽敞；疏朗，空气流通而明亮。

②渴仰：渴望羡慕。

③解作彼家：会建造像那一家的房子。

④经地垒墼：经地，丈量地基；垒墼（jī），堆砌砖块、砖坯。

⑤四辈弟子：佛教用语。亦称“四众”“四部弟子”等，即比丘、比丘尼、优婆塞、优婆夷等信众。

⑥三宝：佛教称佛、法、僧为三宝。佛指释迦牟尼，法指教义、原理，僧指信众。

⑦道果：通过修行，脱离世俗，断灭一切烦恼、自我，达到解脱的涅槃境界。

⑧三果：小乘佛教关于修道的几个阶段，共分四果。须陀洹，汉译为“入流”等，意为初入圣道，是第一果；斯陀含，汉译为“一来”，意为意念未脱尽，还有一往来，是第二果；阿那含，汉译为“不还”等，意为欲望烦恼已经断绝，不再回到欲界，是第三果；阿罗汉，小乘佛教为了区分佛祖与阿罗汉，把佛弟子修行达到的最高境地称“阿罗汉”，是第四果。大乘佛教称佛祖为阿罗汉。

【译文】

修建三层楼的比喻故事

在很久以前，有一个十分富有而愚蠢的人，呆痴到什么也不知道。有一次，他到另一个富人家，看见人家一座三层楼的住房高大华丽、宽敞大方，空气流通而明亮，心里十分渴望而羡慕，他想：“我拥有的财富并不比他少，为什么不也建造一座这样的楼呢？”回去后，他立即请来了木匠，问道：“你会建造像那一家的高大楼房吗？”木匠回答：“那座楼房就是我建造的。”他马上说：“现在你就为我建造一幢像那幢楼一样的房子。”于是木匠就开始丈量地基，砌砖坯建造房屋。愚蠢的富人看见木匠在堆砌砖坯建造房屋，不知道木匠怎么工作，就问木匠：“你准备干什么呢？”木匠回答：“建造一幢三层的楼房。”愚蠢的富人接着说道：“我不愿要下面的两层，你只给我建造最上面的那层。”木匠回答：“这是没有的事。哪能不先建最底层而能建造第二层的房子？不建造第二层，又怎能建造第三层呢？”这位愚蠢的富人固执地说：“我现在不要下面两层，必须只给我建造最上面的那层。”当时的人们听说了这件事，都觉得十分荒唐可笑。

人们都懂得：“哪里有不建造第一层房屋而建成上面房屋的事情？就好比在家修行和出家修行的男女佛家信众，有的不能专心致志、坚持不懈地修习和实践佛祖的教义思想，懒惰松懈，却希望达到解脱一切烦恼的涅槃境界，于是这样说：‘我现在不需要经过初果、第二果、第三果，只想达到修行的最高境界第四果，即阿罗汉果。’此类信众同样会被人们耻笑。这和那位愚蠢而富有的人没有什么不同。”

【辨析】

佛教传入中国以后，为了更好地宣讲佛理，它借助中国的文学、艺术等群众所喜闻乐见的形式，并在长期的演化中与中国的传统文化相融合，形成了它的一个重要的组成部分——佛教文化，其影响在我们的社会生活中随处可见。如流传极广的文学作品《西游记》

中以唐三藏取经为主线的美丽传说，已成为世界绘画艺术精品的敦煌壁画，云冈、龙门的石雕，遍布天下名山的梵刹钟声……正如黄心川教授在拙作《佛家名言阐释》的序中所说的那样："在我们的生活中，随处可见佛教的影响。如我们常说的'大千世界''三生有幸''牛鬼蛇神''盲人摸象''现身说法''皆大欢喜'等，都是来自佛教的词语。这些佛教词汇通过佛教徒的渲染，广泛地流传于民间，变成了人们日常生活中惯用的言语。"人们熟知的"空中楼阁"这则成语就源于本文的比喻故事。这也使我们看到，佛教的许多词汇、语言在传播中，它的佛教背景逐渐淡化，成为具有崭新内涵和教育意义的有益格言。

本篇借用比喻，旨在告诫佛门弟子修行要循序渐进，持之以恒。万丈高楼，始于平地，人生之路，始于脚下。如果人们能通过这个故事，时时提醒自己：光辉的未来、理想的实现，都是必须依靠踏实的工作和努力奉献来换取，只有这样才能在平凡的真实中走出一条不平凡的路。那么，在面对今天纷扰的世事、浮躁的人心时，就会多一份宁静，多一份思考。

十一、婆罗门[1]杀子喻

昔有婆罗门，自谓多知，于诸星术[2]，种种技艺，无不明达[3]。恃己如此，欲显其德。遂至他国，抱儿而哭。有人问婆罗门言："汝何故哭？"婆罗门言："今此小儿，七日当死！愍其夭殇[4]，以是哭耳！"时人语言："人命难知，计算喜错[5]。设七日头或能不死，何为豫哭？"婆罗门言："日月可暗，星宿可落，我之所记，终无违失。"为名利故，至七日头，自杀其子，以证己说。时诸世人，却后七日，闻其儿死，咸皆叹言："真是智者，所言不错。"心生信服，悉来致敬。

犹如佛之四辈弟子，为利养故，自称得道，有愚人法杀善男子，诈现慈德[6]，故使将来，受苦无穷。如婆罗门，为验己言，杀子惑世。

【注释】

①婆罗门：古印度的贵族集团，是四种姓中的第一种姓，掌握神权，成为知识垄断者。四种姓依次为婆罗门、刹帝利、吠舍、首陀罗。

②星术：用星象占卜吉凶的方法。

③明达：清楚地了解和掌握。

④愍其夭殇：愍（mǐn），怜悯；夭殇（shāng），未成年而死亡。

⑤喜错：容易出差错。

⑥诈现慈德：诈，伪装；慈德，慈善的品德。

【译文】

婆罗门杀死儿子的比喻故事

从前，在古印度有一位婆罗门种姓的人，自称知识渊博，对于用星象占卜吉凶及预知未来的方法都能了解和掌握。他自以为技艺高明，想显示自己的本领，于是就来到别的国家，抱着自己的儿子，在人们面前哭喊不止。有人问他说："你为什么哭泣？"这个婆罗门种姓的人说："这个小孩，过七天后就要死了。我怜悯他的夭折，所以痛哭啊！"那旁边的人说："人的生命难以预料，预测很容易出差错。过七天他未必死亡，你何必预先就悲痛呢？"婆罗门种姓的人说："太阳月亮也有黑暗的时候，天上的星宿也可能会陨落，而我所预测的，从来没有失算过。"为了维护自己的名誉和利益，过了第七天，他亲手杀死了自己的孩子，以此来证明自己的推测。当时的人们，过了七天后，听说他的儿子死了，都感叹道："真是一个智慧的人，所预言的果真不错！"人们对他从心里都很相信和佩服，纷纷向他致敬。

这就好比信奉佛教的和尚、尼姑和不出家的善男、信女，为了得到利益和供奉，自称已经深得佛法，用世俗的思想诱导一心事佛的修行者，用伪装出的慈善品德骗人，从而使自己在欲界的轮回中受尽苦难。就像那位婆罗门种姓的人，为显示自己的预言灵验，亲手杀死儿子来愚弄大家。

【辨析】

从古代印度哲学的发展、演化中看，佛教在反对婆罗门教的至上神权，抨击婆罗门教所规定的严格种姓制度上是起了积极的推动作用的。它在揭露作为神权代表的婆罗门的虚伪上是深刻而不遗余力的。在佛典《中阿含》卷十七、《四分律》卷四十中，所历数的婆罗门的罪恶达十四项之多，为我们留下了珍贵的资料。

在本文中，我们也可以得到一些启示。作为婆罗门僧侣来说，为了维护所谓贵族的尊严，他们既是伪善的，又是极为阴险和凶残的，甚至不惜杀死亲生子女来欺愚俗世中的人们，以取得思想和文化的统治权。佛教利用浅显的故事反映出一个深刻的历史事实："侯门之中，仁义焉存。"压迫者，无仁义，中外古今，鲜有别论。佛教进入中国以后，尽管历代都与统治阶级发生着千丝万缕的联系，但它把成佛的范围推广到一切有情的人，无论是王公显贵，还是平民百姓，只要潜心领悟发愿修行，都可往生"净土"。它的大众化、平民化的思想特点可借此得到进一步证明，这也是其价值所在。

十二、煮黑石蜜[1]浆喻

昔有愚人煮黑石蜜。有一富人来至其家。时此愚人，便作是念："我今当取黑石蜜浆，与此富人。"即著少水，用置火中，即于火上，以扇扇之，望得使冷。傍人语言："下不止火，扇之不已，云何得冷？"尔时人众，悉皆嗤笑。

其犹外道，不灭烦恼[2]炽然之火，少作苦行，卧棘刺上。五热[3]炙身而望清凉寂静之道，终无是处。徒为智者之所怪笑。受苦现在，殃流来劫[4]。

【注释】

①黑石蜜：一种蜂蜜。

②烦恼：佛教名词，是人生欲望所带来的苦难的根源，如生、老、病、死、名、利等。

③五热：佛教之外的一种苦行方法，在修炼者四周燃烧烈火的修行方法。

④殃流来劫：殃流，灾难的岁月；来劫，以后久远的时光。佛教中"劫"通常指时间概念、灾难，以及人寿命的增减。

【译文】

烧制蜂蜜的比喻故事

从前，有一个愚蠢的人正在家里烧制一种叫作黑石蜜的蜂糖，这时有一位富有的人来到他家中。这个愚人心里便想：“我应当取蜂糖来招待这位富人。”于是,他在熬的蜂糖里加上一些水,放到火上,用扇子去扇蜜糖,希望使糖很快冷却。旁边的人说:“不把蜜糖下面的火熄灭，再扇又怎能使糖冷却呢？”人们听到这件事后，都觉得十分可笑。

这就好比信奉非佛教的其他教派，不能够消除人生欲望的火焰，只是通过修苦行，躺在荆棘丛中。还有的在烈焰中熬煎苦炼而希望得到清净凉爽的超凡脱俗境界，这是绝对做不到的，只能让得到人生真谛的人们耻笑。不仅在现在的生活中承受苦难，还会使灾难延续到未来的岁月中。

【辨析】

这则故事可以使人悟到一个解决问题的方法，即首先要能够透过现象认识到本质。糖浆不能冷却的原因在于其下有火,这才是问题的关键。要抓住问题的实质,由表及里方能奏效。而比喻恰恰揭示了佛教修行的目的,指出那种通过苦行达到超然物外和摆脱人生苦难的方法是由欲望支配的世俗的认识，是只治标不治本，只注重现象而未能把握修行的本质。追寻人生利益的动机，最终也只能得到在欲望驱动下更加烦恼的结果。

与佛教同时的其他宗教都以精神上的不死作为自己的最高理想，从而使人们通过思想上的自我麻痹，忘掉现实生活中的苦难而把美好的希望寄托于死后。而佛教把自己的最高理想分成几个阶段，对世俗之人，在现实中得不到的可以通过修行，把希望寄托在来世，但最终的目的却是脱离欲界，借修行达到无我的阶段，也就是彻底消灭精神、消灭思想，并进而消灭肉体的境界，即涅槃。应当指出，有许多认真的学者，曾在佛教长期的发展历史中去考证对涅槃的不同解释，至今仍未能对它下一个明确的定义。我们认为它并不神秘，可以借用古罗马诗人、哲学家卢克莱修在他的《物性论》中所提出的观点，即“不死的死夺去了有死的生”。这种“不死的死”就是“涅槃”的真正含义。

十三、说人喜瞋[①]喻

过去有人，共多人众，坐于屋中，叹一外人德行极好，唯有二过：一者喜瞋，二者作事仓卒。尔时此人过在门外，闻作是语，便生瞋恚[②]，即入其屋，擒彼道己恶之人，以手打扑。旁人问言："何故打也？"其人答言："我曾何时，喜瞋仓卒？而此人者道，我恒喜瞋恚，作事仓卒，是故打之。"旁人语言："汝今喜瞋仓卒之相，即时现验，云何讳[③]之？"人说过恶，而起怨责，深为众人怪其愚惑。

譬如世间饮酒之夫，耽荒酗酒作诸放逸，见人呵责，反生尤疾[④]。苦引证作用自明白。若此愚人讳闻己过，见他道说，反欲打扑之。

【注释】

①瞋：佛教名词。《大乘五蕴论》释为："云何为瞋？谓于有情乐作损害为性。"即心怀怨恨与损人利己的思想和意识。此处指发火。

②恚（huì）：愤怒、怨恨。

③讳：隐瞒、避忌。本文指忌讳旁人指出自己的过错。

④尤疾：尤，特别的，本文指责怪他人；疾，忌恨。尤疾，

责怪和忌恨。

【译文】

指出一个人脾气暴躁的比喻故事

过去，有个人和许多人坐在屋里，称赞一个当时不在屋里的人品行很好，只是有两个毛病：一是喜欢发火，二是做事欠考虑。正巧这个被议论的人从门口路过，听到这话，立即发怒，冲进屋里，抓住那个说自己毛病的人，动手就打。旁边的人问他："为什么打人？"那人回答说："我什么时候喜欢发火而且做事仓卒呢？而这个人说我总是喜欢发火愤怒，做事情欠考虑，所以打他。"旁边的人说："现在你喜欢发火而且做事欠考虑的样子已经表现出来了，又为何忌讳别人指出呢？"别人一旦指出过失，就产生怨恨责难的人，难免会使大家怪他愚昧无知。

这就好比世上的酒徒，整日沉溺在杯酒之中，恣情放纵。一旦别人指责，反而产生责怪和怨恨，而且会极力为自己的行为辩解。这样就和愚昧的人忌讳旁人指出自己的过错，听见别人议论，反而动手打人的道理一样。

【辨析】

随着社会的发展、时代的进步，人们的物质生活水平不断提高。当人们已经从生存困境中站立起来，向着发展奋进之时，如何对待人与人之间的关系，就成为一个热门话题。应当看到，愈来愈多的人已经开始认识到，仅仅为个人的富有而竭尽全力，这并不是美满的，而关心集体、他人、社会群体的行为，也不断地扩大才算完美。在当今兴起的东方文化热中，中国文化中的伦理观念、责任意识，在更大范围内得到了人们的认同，这是人类不断走向完善的必然。佛家的“布施”，不仅有财施，也包含着关心他人、以德施人的内容，这一点体现了佛学中所具有的较高的精神境界和思想内涵。

从人性上说，人们大都喜欢听到赞誉，而不大爱听批评，因此才有“知耻近乎勇”的名言。承认无知，闻过则喜，非圣即贤。因为只有知错能改、发愤进取的人，没有绝对正确、从不犯错误的人。听不到批评的人生，是最孤独的人生；常常能听到友人善意劝诫的人，一定是一个精神充实、充满进取希望的人。

十四、杀商主祀天喻

昔有贾客[1]，欲入大海。入大海之法，要须导师，然后可去。即共求觅，得一导师，既得之已，相将发引[2]。至旷野中，有一天祠[3]，当须人祀[4]，然后得过。于是众贾共思量言："我等伴党[5]，尽是亲亲[6]，如何可杀？唯此导师，中用祀天。"即杀导师，以用祭祀。祀天已竟，迷失道路，不知所趣[7]，穷困死尽。

一切世人，亦复如是，欲入法海[8]取其珍宝，当修善法行，以为导师。毁破善行，生死旷路，永无出期。经历三涂[9]，受苦长远。如彼商贾将入大海，杀其导者，迷失津济[10]，终致困死。

【注释】

①贾客：商人。

②发引：引导、出发。

③天祠：神祠，祭祀神的祠堂。《金光明经疏》有"神亦名为天"的记载。

④人祀：进神祠祭祀，需杀生以供奉。

⑤伴党：党，群体、集团。

⑥亲亲：亲属，同族。

⑦所趣：趣，同去，去向、方向。

⑧法海：佛教认识人生、社会的基本教义。指一切事物、现象。

⑨三涂：涂，通途，即火、血、刀。火途，地狱猛火所烧之路；血途，各种野兽相互食咬之路；刀途，饿鬼以刀、剑、杖逼迫挟持之路。

⑩津济：津，渡口；济，渡，此处代指靠岸的码头。

【译文】

商人杀死向导祭天的比喻故事

从前，有一伙商人想渡海做买卖。而要渡海就必须请向导引路，才能成行。因此大家一同寻找，请到了一位向导。有了向导，大家就出发上路了。他们来到了一片旷野，那里有一座祭祀神的祠堂，按惯例必须杀生祭祀后才能离开。于是商人们共同商议说："我们结伴而行的人都是亲戚，怎能杀死？只有这个向导，最适合祭祀神灵。"于是他们杀了向导，用来做了祭祀的供品。祭祀完毕后，他们却迷失了道路，不知该往何处走，都困死在旷野中。

一切世俗的人，也是这样，他们想得到人生的真谛、智慧和财富，就应当修行善事，接受教义，并以之作为行动的指南。但人们却常败坏善良的品行，从而在生与死的轮回之路上，永远不能超脱，并因为作恶堕入地狱，受到火、血、刀这三种途径的煎熬而在苦难的道路上跋涉。这就与商人们要渡海，却杀了引路的人，从而迷失了渡口、码头，最终导致困死于旷野的结果一样。

【辨析】

在现实生活中，只顾眼前利益，而不谋长远之计的情况并不少见。那种为了现实而不顾未来，没有人生奋斗目标的人也屡见不鲜。商人们为了亲情，最终杀了向导，致使大家全部困死。这个结局可能会激起人们的同情之心，理解为是由于人最终的错误抉择而造成的，但为了一点儿个人的私利，却置集体、国家的利益以及法律于不顾，最终走向绝路的人，在今天的现实生活中也为数不少。佛家在引导人们去恶从善的道义宣讲中，能直指人心，重视人生理想，这在认识上是有见地的。在经济高速发展，物质生活水平不断提高的同时，精神文明建设也应该与物质文明建设同步。注意用高尚的思想情操来引导每一个人的人生之路，是十分必要的。

十五、医与王女药令卒长大喻

昔有国王产生一女，唤医语言：“为我与药，立使长大。”医师答言：“我与良药，能使即大，但今卒无方[1]，须求索。比得药顷[2]，王要莫看，待与药已，然后示王。”于是即便远方取药。经十二年，得药来还。与女令服，将示于王。王见欢喜，即自念言：“实是良医。与我女药，能令卒长。”便敕[3]左右，赐以珍宝。时诸人等，笑王无智，不晓筹量[4]，生来年月，见其长大，谓是药力。

世人亦尔，诣善知识[5]而启之言：“我欲求道，愿见教授，使我立得善知识。”师以方便故，教令坐禅[6]，观十二缘起[7]，渐积众德，获阿罗汉[8]。倍踊跃欢喜而作是言：“快哉大师，速能令我证最妙法。”

【注释】

①今卒无方：今卒，现在立刻；无方，指没有药方。

②比得药顷：比，到、等；顷，时。等得到药时。

③敕（chì）：皇帝的诏令。

④筹量：筹划计算。

⑤诣善知识：诣（yì），到某人所在的地方；善知识，此处指

修行有道的高僧。《法华经》中有："益我菩萨之道，名善知识。"

⑥坐禅：佛教术语。是僧人的一种静虑思维的方法。

⑦十二缘起：即十二因缘，是佛教对人生的观察、解释。分别为：老死，这是观察人生求得解脱的出发点；还有生、有、取、爱、受、触、六入（眼、耳、鼻、舌、身、意）、名色（主客观的统一，即身心的结合）、识、行、无明（指对佛教缘起、无常、无我的不理解）。这就是十二因缘的基本内容。（参见高杨、荆三隆《佛教起源论》）

⑧阿罗汉：参见前注。破一切烦恼的得道高僧，即最高的悟道者。

【译文】

医师给公主速长药的比喻故事

从前，有个国王生了一个女儿后，把宫中的医师召来对他说："给我一种药，能使女儿吃了立即长大。"医师回答："我可以给这种药使公主立即长大，但眼下还没有这种药方，必须去寻找。在我找药期间，国王您不要看公主，等公主服药后再请您见她。"于是他就到远方去找药了。十二年后，他采药回来。把药给公主吃了后，带她去见国王。国王见了很高兴，自言自语说："确实是良医，给我女儿的药，能让她立即长大。"便诏令左右的侍从，给医师赏赐宝物。当时的人们都嘲笑国王的无知，不懂得起码的计算，不管女儿的年龄，看见她长大了，便认为是药的作用。

世俗的人也是这样，到修行有道的高僧面前说："我想求得真谛，得到明师的指点，使我很快得到对人生的透彻领悟。”明师从基础入门开始，教他从坐禅，即抛除一切尘念的静虑入手，以便领会佛教对人生社会的观察和解释，慢慢积累认识各种行为的规范，达到摒弃一切人生烦恼的修悟境界。这人听后欢呼雀跃，说道:“真快活大法师，你这么快就让我能达到佛学的最高境界了。”

【辨析】

要想成就任何一件事，都必须付出相应的努力和代价，坐享其成是不行的。应该承认，机遇的不同，形成了人与人之间的差异。但更应当清楚地认识到，机遇往往垂青于有准备的人,上天的恩泽只会赐给勤勉的人，这一点是毋庸置疑的。无论在科学和思想领域里，还是在文艺、体育界，早已被众多的事例所证明。而在商界有一句人们熟知的口头禅：小富在勤，大富在命。但我们认为：勤奋是大富的前提，大富不仅要勤，还必须有富的心志和机遇。然而现实生活中，人们往往只看重结果，只看到春花的烂漫，却忽略了它历经酷暑、秋风、严寒的磨难和考验。人生最珍贵的，不都是靠自己的努力换来的吗?

十六、灌甘蔗喻

昔有二人，共种甘蔗而作誓言[①]：“种好者赏，其不好者，当重罚之。”时二人中，一者念言：“甘蔗极甜，若压取汁，还灌甘蔗树，甘美必甚，得胜于彼。”即压甘蔗，取汁用溉，冀望滋味，反败[②]种子。所有甘蔗一切都失。

世人亦尔，欲求善福，恃己豪贵[③]，专形挟势，迫胁下民。陵夺财物，以用作福，本期善果[④]，不知将来反获其患殃。如压甘蔗，彼此都失。

【注释】

①誓言：表示一定按所说的去做。本文指双方共同约定。

②败：腐烂、败坏。

③恃己豪贵：依仗自己有权势。

④善果：善，佛教名词，与恶相对，指符合教义的言行、意识。善果，依善行所得到的美好、善良的结果。《本业经》有善果从善因生之说。

【译文】

浇灌甘蔗的比喻故事

过去有两个人，同时种植甘蔗并约定说："种植好的有奖赏，种植不好的要重罚。"这两个人中，有一个心想："甘蔗非常甜，如果把汁压出来，再用来浇灌甘蔗林，甘蔗定会甜美无比，肯定会超过他。"于是他就压出甘蔗汁用来浇灌，期望增加甘蔗的甜美，却反而使甘蔗苗的根腐烂，结果所有的甘蔗全都坏死了。

世上有人也是这样，想得到美好和富贵，就倚仗着权势，巧取豪夺，压迫百姓，掠夺财物，作威作福，本来希望得到富贵的结果，殊不知将来反而会招致灾难。这就像压蔗汁浇蔗苗一样，不仅损失了种植的甘蔗，而且连已有的甘蔗都损失殆尽。

【辨析】

良好的主观愿望，不能代替客观的实际效果。想象、推理得到的结论，必须在实践中加以检验。实际生活中，依主观判断行事的人和现象是随处可见的。即使天天吊嗓子，但是没有好的嗓音条件，就是唱破天，也难以成为真正的歌唱家。所以说，只凭主观愿望一意孤行，与蛮干无异。好比教育子女，溺爱的结果，往往适得其反。"将相出寒门，纨绔无伟男"说的就是这个道理。这个比喻故事，并没有只停留在对个人做法的评价上，而是进一步以佛家的眼光去观察阶级社会中的不平等现象。有人认为，佛教是与世无争的宗教信仰，是出世的哲学。这只是从一个侧面揭示了佛教教义的底蕴。我们认为，佛家的无争与出世，本身就是对不平社会现实的一种反抗，至少是对现实的不满在思想意识上的表现。它对人生和社会是起了不可低估的干预作用的。只是它往往采用了回避其锋芒，而不是激烈冲击的暴力形式。“普度众生”“人人皆有因缘”比“刑不上大夫，礼不下庶人”更能赢得人心的拥戴。

历史告诫人们，凡是用权势夺来的财富，终究不能长久。秦始皇吞并六国，一统天下，何等显赫，到秦二世十余年的工夫，就灰飞烟灭；八旗子弟入主中原，是何等气势，距今也只有几百年，又能到何处寻觅？财富只有属于社会时，人们才会珍惜它。如果它只聚集到少数人的手里，就会变成导致灾难的根源。

十七、债半钱喻

往有商人，贷[①]他半钱，久不得偿，即便往债。前有大河，雇他两钱，然后得渡。到彼往债，竟不得见。来还渡河，复雇两钱。为半钱债而失四钱，兼有道路疲劳乏困，所债甚少，所失极多，果被众人之所怪笑。

世人亦尔，要少名利，致毁大行[②]。苟容己身，不顾礼义，现受恶名，后得苦报。

【注释】

①贷：借给。

②大行：行，佛教名词。佛教著述中常用“境、行、果”来构建学说，“行”往往指按教义进行的修行、体验。大行，最重要的教义和修行。

【译文】

借给别人半文钱的比喻故事

从前有个商人，借给别人半文钱，那人很久都没来还，他决定前去要债。路上有一条大河，他雇船过河花了两文钱。到了借他钱的人家，没见到人。回来过河，他又花了两文钱。为了讨回半文钱的债而花掉了四文钱，而且来回路上疲劳困乏。借给别人的很少，但损失的却很多，结果招来众人的嘲笑。

世上也有人这样，为了蝇头微利，而毁坏了最重要的教义和修行。为了一点私利，不顾礼义廉耻，不仅会招来恶名，而且会得到苦海无边的报应。

【辨析】

因小失大、以偏概全的事情，在我们的周围经常发生着。所谓“人争一口气，佛争一炉香”，也只在一个争字。那个商人争的并不在于半文钱,争的只是个“说法”。在生活中，持这种看法的人，为数不少。殊不知，争一步“山穷水尽”，退一步“地广天高”。

在生活里“争”这个字,用得最多。名也争,利也争,人与人也要争个高低，这是时代的“病”。我们遗失了一种人本来应该具有的美德，就是“让”，就是“做”。把“争”的心胸换作实实在在的“做”“干”，放下心来做自己本该做的事，干出一些于己于人都有益的事来。“让”就是不属于自己的东西，不去伸手；自己应得到的东西，如果别人要争，能让的就让，“得让人处且让人”。佛家的“让”有“忍辱”的含义,而儒家则有“小不忍则乱大谋”的意思。在当今商品经济飞速发展的时代里，同样也要能顾大体，不争小利，这样才能广开门户、兴旺发达。

十八、就楼磨刀喻

昔有一人，贫穷困苦，为王作事，日月经久，身体羸瘦。王见怜愍[①]，赐一死驼。贫人得已，即便剥皮，嫌刀钝故，求石欲磨。乃于楼上得一磨石，磨刀令利，来下而剥。如是数数往来磨刀，后转劳苦，惮不能数上[②]，悬驼上楼，就石磨刀。深为众人之所嗤笑。

犹如愚人毁破禁戒[③]，多取钱财，以用修福，望得生天[④]。如悬驼上楼磨刀，用功甚多，所得甚少。

【注释】

①怜愍：愍（mǐn），同悯。怜愍，怜悯。

②数上：多次上下楼。

③禁戒：佛门戒律，亦即不能违犯的律条。

④生天：天，佛家指光明、自然、清静、自在、最佳之处。生天，生往最美好、清净的境地。

【译文】

上楼磨刀的比喻故事

从前有一个人，十分贫困，长年累月为国王做工，身体瘦弱不堪。国王见了以后怜悯他，赏给他一峰死骆驼。穷人把骆驼送回家后，就动手剥骆驼皮。他嫌刀刃不锋利，找磨刀石磨刀。在阁楼上找到了一块磨刀石，将刀刃磨利后，下楼继续剥皮。就这样反复上楼去磨刀刃，弄得疲惫不堪。他担心爬不动楼梯，干脆把骆驼吊上楼阁，挨着磨刀石磨刀。人们都嘲笑他的愚笨。

这就好比愚蠢的修行者破除了律条的约束，贪图财物，为自己谋福利，还渴望能够进入最美好、光明的天界。这与悬挂死骆驼在楼上磨刀，用的功夫很大，但效果却极差的道理一样。

【辨析】

舍便利而求于烦琐，舍取磨石下楼而上楼不止，以至于吊死驼上楼，其根本目的在于磨刀剥驼皮。上下楼固然麻烦，然而不惜就难避易，会使人觉得好笑。故事中的穷人知道“磨刀不误砍柴工”，却没有选择好怎样磨刀、在哪里磨刀更方便。磨刀是必需的，方式也要合理，因此我们常说，好的想法没有好的措施同样会走向荒诞。但问题并没有停在这一步，而是用这个故事比喻一个发人深思的命题：一个追寻理想或人生真谛的人，“喜舍”与“敛财”的选择，是决定走向理想坦途还是奔向崎岖山谷的关键。佛教对待钱财所采取的态度是难能可贵的，在商品交换和阶级对立的社会里，人们对于“人为财死，鸟为食亡”“有钱能使鬼推磨”“钱能通神”以及“自古衙门朝南开，有理无钱莫进来”的现象早已司空见惯。更有甚者，诸如“钱是命，命是狗屎”的讥讽般的话语也能听到。而以平常心、布施心对待钱财的佛家义理就格外令人关注。在现实社会中，它无疑是有认识价值的。

十九、乘船失盂喻

昔有人乘船渡海，失一银盂，堕于水中。即便思念：我今画水作记，舍之而去，后当取之。行经二月，到师子诸国[1]，见一河水，便入其中，觅本失盂。诸人问言：“欲何所作？”答言：“我先失盂，今欲觅取。”问言：“于何处失？”答言：“初入海失。”又复问言：“失经几时？”言：“失来二月。”问言：“失来二月，云何此觅？”答言：“我失盂时，画水作记，本所画水，与此无异，是故觅之。”又复问言：“水虽不别，汝昔失时，乃在于彼，今在此觅，何由可得？”尔时众人无不大笑。

亦如外道，不修正行[2]，相似善[3]中横计苦困，以求解脱。犹如愚人，失盂于彼，而于此觅。

【注释】

①师子诸国：《大唐西域记》中作僧伽罗国。古印度称为铜色国，异名颇多。宋代《诸蕃志》称细兰，明代译作锡兰，沿用。1972年改名为斯里兰卡。5世纪初，我国高僧法显曾由海路到达该国。《法显传》有记载，这是中斯两国交往的最早记录。

②正行：真正的行业。对邪行、杂行而言。

③相似善：相似菩萨的阶位，如相似觉、相似位等。相似善指与菩萨位相应的思想和行为。

【译文】

乘船丢失银器的比喻故事

从前有一位乘船渡海的人，不慎把一个银盆掉到海里。当时他想：“我现在就在水面上做个记号，丢下它先走，以后再来打捞。”过了两个月，他到达师子国，看到一条河，就到水中寻找那个丢失的银盆。旁边的人问道：“想做什么呢？”他回答：“我以前丢失了一个银盆，现在想找回来。”旁人又问：“在什么地方丢的？”回答说：“在刚渡海的时候。”又接着问：“丢了多长时间？”回答说：“丢失两个多月了。”又问：“丢失两个多月了，为何在这里找呢？”他回答：“我丢失银盆时，在水面做了记号，原来在水面画的记号，与这里没有不同，所以在这里寻找。”旁人又接着再问：“水虽没有不同，但你以前丢失是在别处，现在却在这里寻找，怎么可能找到呢？”这时周围的人都对此大笑不止。

这就好比其他的修行者，不去参悟佛理，在修证智慧的行为中，另外刻意修苦行，来求得解脱。就像愚蠢的人一样，在海中丢失银器，却在河中寻找。

【辨析】

这个比喻故事，乍看与“刻舟求剑”的成语故事无二，但我国的成语故事寓意明确，意在应根据情况和环境变化改变看法或办法，而不应不顾客观条件的变化，泥古不化，不知变通。本文中丢失银盆的人，其推理更具有模糊性，表现在他可以无视海水、河水的巨大区别，只看到一点，全然不顾其他。这使人想起“盲人摸象”的成语故事，其结果都是一样荒唐可笑。

作者的着眼点并不在故事本身，而是落在比喻的喻体上，即不修行佛法的其他教派。因此，本体只见到水的偏见与只知用苦行的方法来修证智慧、正确的理想，其错误是必然的。如果我们只认识了喻义的道理而未体察到故事的内涵，同样也是片面的、不完整的。

二十、人说王纵暴喻

昔有一人，说王过罪，而作是言："王甚暴虐，治政无理。"王闻是语，即大瞋恚。竟不究悉谁作此语，信谤佞人①，捉一贤臣，仰使剥脊②，取百两肉。有人证明此无是语。王心便悔，索千两肉用为补脊。夜中呻唤，甚大苦恼，王闻其声，问言："何以苦恼？取汝百两，十倍与汝，意不足耶？何以苦恼？"傍人答言："大王如截子头③，虽得千头，不免子死；虽十倍得肉，不免苦痛。"

愚人亦尔，不畏后世，贪得现乐，苦切众生，调发百姓，多得财物。望得灭罪，而得福报。譬如彼王割人之脊，取人之肉，以余肉补，望使不痛，无有是处④。

【注释】

①佞（nìng）人：专门取媚于人的小人。

②仰使剥脊：仰，命令；剥脊，割背上的肉。

③截子头：砍下他的头。

④是处：这样的办法、方法。

【译文】

议论国王暴虐的比喻故事

从前，有一个人讲国王的过失和罪恶，他这样说：“国王非常暴虐，治理朝政没有方法。”国王听到了这话，十分恼怒，竟然不追查是谁说的这句话，听信诽谤献媚的小人挑唆，把一位贤能的大臣捉来，下令从他的脊背上割下一百两肉。后来有人证明不是他说的。国王很后悔，命令用一千两肉为这位大臣修补脊背。这位大臣夜里痛得大声喊叫，国王听到他的声音，就去问他：“为什么痛苦呢？割了你一百两肉，还给你十倍的肉，你还不满足吗？为何还痛苦呢？”旁边的人回答：“大王如果砍掉臣子的头，即使给一千个头来作为补偿，仍免不了臣子一死；臣子虽然得到十倍的肉补偿，但仍免不了痛苦。”

愚蠢的人也是这样，不考虑将来，只图一时快乐，把痛苦推向大家，支配百姓，掠夺财物，还想要消除罪孽，从而得到福报。这就好比国王割下大臣脊背上的肉，用别的肉来补救一样，希望使人不痛苦，是办不到的。

【辨析】

生活中已经出现的失误，往往很不容易弥补，因为此时此刻的觉悟，已无法使彼时彼刻的时光倒转。因此人们常说三思而后行，或慎思而行。这都是先人从历史经验中概括和总结出来的。对一个人来说，不犯错误并非容易的事，重要的是绝不能犯同样的错误。人生是短暂的，机遇也是有限的。如果连有限的机遇都未能抓住，又犯了难以弥补的过失，那么就会使本来应该有所作为的人，成为平庸的人。因此在人生的关键处，要注意把握，至少应当做到在选择之后决不后悔，勇于承担可能产生的结果。

本篇的喻义，直指有一定权力地位的人，不应有只顾眼前痛快、不顾后果的短视行为。所谓为官一任，造福一方。若抱着“风水轮流转，不捞白不捞”的认识，不能为民解难，反而置百姓于水火，那是不会有好结果的。可以看出，佛教高僧们在宣传基本教义的时候，并没有远离现实政治，也并非对当权者讳而避之，而是力行劝诫，广行宣讲的。据此，我们可以看到，历代政教之间的相互关系十分微妙，往往表现出既相互利用，又保持一定距离的特殊关系。这对于哲学史、思想史、文化史的研究者来说都是不应忽视的重要内容，对于政治家、思想家、宗教学家来说更是必须正视和深入探究的问题。

二十一、妇人欲更求子喻

往昔世时，有妇女人，始有一子，更欲求子。问余妇女：“谁有能使我重有子？”有一老母，语此妇言：“我能使尔求子可得，当须祀天①。”问老母言：“祀须何物？”老母语言：“杀汝之子，取血祀天，必得多子。”时此妇女，便随彼语，欲杀其子。傍有智人，嗤笑骂詈②：“愚痴无智，乃至如此。未生子者，竟可得不？而杀现子！”

愚人亦尔，为未生乐，自投火坑，种种害身，为得生天③。

【注释】

①祀天：祭祀天神。

②詈（lì）：骂、责备。

③生天：天，指光明、自然、清净之地。生天，生往光明自在的天界。

【译文】

妇女想再生儿子的比喻故事

很久以前，有一位妇女，有一个儿子，她想再生一个儿子。

她问别的妇女："有谁能使我再生一个儿子？"有一位老年妇女对她说："我能使你再生个儿子，但必须祭祀天神。"她问老年妇女："祭祀必须用什么东西？"老年妇女说："杀死你的儿子，用他的血祭祀天神，你一定会得到许多儿子。"这个妇女听了，就准备杀自己的儿子。旁边有位智慧的人，耻笑并责骂她："真正愚昧无知的人才这样做。没有生的儿子，能否得到还不知道呢，怎能杀了现有的儿子！"

愚蠢的人也是这样，为了尚未产生的欢乐，自投火坑，做出各种损害身体的事情，只是为了将来生往美好的天界。

【辨析】

故事本身提醒人们，在愿望和现实面前，要首先立足于现实；未来可能发生的事，不能代替现实。同样，要想拥有一个美好的未来，也必须首先拥有一个充实的现在。因此，不能把握今天的人，也难以把握未来。本文也从侧面反映了印度佛教在产生时与其他教派的思想分歧。

印度在历史上是一个多宗教的国家，有的宗教提倡教徒通过刻苦的修行实践——苦行，来拯救人的心灵和肉体。佛教的创始人释迦牟尼却不这样看，他批判婆罗门教提倡的苦行，认为其实质是"为得财之方"。他接受了印度早期哲学中"一切皆苦"的人生观，并以如何解脱它作为人生的最高目的。

佛教认为爱为苦之因，是心中苦恼的根本，因此否定爱。那些执意于子女、夫妻爱恋的人，由于生、老、病等种种原因，最终会沉入悲痛的泥海，好似沉入泥坑的老象。舍去了爱，也就舍去了苦之因。

欲望也是人痛苦的源泉，各种贪欲都会由于不得或得到了又最终会失去而产生苦恼，也要被否定，即要舍欲。

佛教选择了圣者出家的生活，不仅为了保护身体而食，还采用了蜜蜂的“生活方式”，好比蜜蜂在花丛中采蜜，并未使花受到伤害，自己也得了快乐。

应当看到，这些认识中不乏辩证思想，包含了一定的哲理，其追求转迷为悟、离苦得乐、慈悲救世的精神，是传统文化中的有益成分。

二十二、入海取沉水喻

昔有长者子[①]，入海取沉水[②]。积有年载，方得一车，持来归家。诣[③]市卖之，以其贵故，卒无买者。经历多日，不能得售，心生疲厌，以为苦恼。见人卖炭，时得速售，便生念言：不如烧之作炭，可得速售。即烧为炭，诣市卖之，不得半车炭之价值。

世间愚人，亦复如是。无量方便[④]，勤行精进，仰求佛果[⑤]，以其难得，便生退心。不如发心，求声闻果[⑥]，速断生死，作阿罗汉。

【注释】

①长者子：年长有声望之人的儿子。

②沉水：又名沉香。因木质坚实，入水能沉，故名。

③诣（yì）：到、去。

④无量方便：无量，不可计量，广大。方便，佛教名词，指“利他”的方法，旨在不舍众生，进行引导的方式、谋略。无量方便，各种引导信众的方法。

⑤佛果：各种完美的品德。

⑥声闻果：指以佛教的义理修行，达到解脱世俗烦恼的境地。

【译文】

到大海打捞沉香木的比喻故事

很久以前，有一位年长者的儿子，到海中打捞沉香这种木料。过了一年，才打捞了一车并把它运回家。他把沉香木拿到市场上去卖，由于价格昂贵，一直没有人买。过了许多天，他都没能卖出去，感到很疲劳厌烦，十分苦恼。他看到卖木炭的都很快地将木炭卖了出去，便想："不如把沉香烧成木炭，这样就可以很快卖出去了。"于是他就把沉香木烧成木炭，运到市场卖掉，只卖了不到半车木炭的价钱。

世上愚昧的人也像这样。用各种方式，勤奋、努力地进行修悟，期望得到佛家所具有的美德、品行，但由于难以达到，就产生了退缩放弃的想法。认为不如按佛法进行修持，摆脱世俗的生死烦恼，虽不能成佛，能达到佛弟子的境界也就行了。

【辨析】

为了很快卖掉货物，将经过一年艰辛打捞得到的珍贵木料沉香烧成木炭卖掉，使昂贵稀少的东西变成廉价普通的东西，其原因在于心情烦躁，失去了理性的价值判断，形成了变高贵为低贱，变高价为贱卖的结果。这对于人们认识那种只求一点或一时的爽快而破坏事物完美结局的错误做法有启发意义，告诉人们在遇到挫折的时候，要耐心地等待，全面地审时度势。

这则故事的比喻是多层面的，以一位德高望重的年高之人的儿子，来比喻一个有良好家庭教养和社会地位的修行者；用去大海中捞取沉香，比喻在茫茫人海、广阔的社会生活里去追寻人生的真理——这十分珍贵的东西；又用日积月累的艰辛劳动，比喻修行者的辛勤和努力；用捞取了沉香，来比喻已经证悟了佛理的基本要义；用沉香的昂贵来比喻修证佛果的不易和珍贵；用变木为炭来比喻缺乏恒心和耐力的信徒所犯的错误。凡事如果急于求成，反而会导致“事倍功半”的结果。从中可见佛教典籍在引导信众修持过程中的一片苦心。其循循善诱的讲解方式，环环相扣、层层相因的艺术手法都给人们留下了深刻的印象。

二十三、贼偷锦绣用裹氎褐喻

昔有贼人，入富家舍，偷得锦绣，即持用裹故弊氎褐[①]种种财物，为智人所笑。

世间愚人，亦复如是。既有信心入佛法[②]中，修行善法及诸功德[③]。以贪利故，破于清净戒[④]及诸功德，为世所笑，亦复如是。

【注释】

①弊氎褐：弊，破旧。氎（lǚ）褐，毛织品。

②佛法：佛祖所讲的义理。

③诸功德：指读诵佛典、礼佛、布施等。

④清净戒：佛教远离罪恶和世间烦恼的戒律、条例。

【译文】

小偷用绸缎包破烂衣物的比喻故事

从前，有一个小偷潜入富人的家里行窃。他偷了许多精美的丝绸制品却用来包裹他那些破烂的毛织衣服。明智的人都讥笑他的行为。

世上愚昧的人，也同样是这样。既有信心听从佛陀的教导，修行利他、利世的教义以及读经、信佛、布施，却又由于贪图世俗的利益不能割舍，破了远离欲望和烦恼的戒律、条例，最终受到人们的嘲笑，也是同样的道理。

【辨析】

无知是可悲的。无论是回首过去，还是面对现实，展望未来，战胜贫穷愚昧和无知都是人类必须永远正视的问题。在中国的历史上，闭关自守，以老大自居的状况延续了相当长的时期。它的结果就是旧中国由强大走向衰落，到鸦片战争以后，就成为列强瓜分的对象。愚民政策也是封建专制王权统治人民的重要一环，儒家“民可使由之，不可使知之”的思想成为阻碍社会发展的思想桎梏。而道家代表人物庄子在这一点上就显得豁达高明得多，他说：“小知不及大知，小年不及大年。”即智慧见识少的不如多的，经历岁月短的不及长的。《逍遥游》中的这一表述是十分精当的。他在《秋水》篇中则更是盛赞了大海的胸怀和黄河入大海知其不足的勇气，嘲笑了井底之蛙的浅薄。这在今天看来仍不乏现实意义。

二十四、种熬胡麻子[1]喻

昔有愚人，生食胡麻子，以为不美，熬而食之为美。便生念言："不如熬而种之，后得美者。"便熬而种之，永无生理。

世人亦尔，以菩萨旷劫修行[2]，因难行苦行，以为不乐，便作念言："不如作阿罗汉，速断生死，其功甚易。"后欲求佛果，终不可得。如彼灼种，无复生理。世间愚人，亦复如是。

【注释】

①胡麻子：即芝麻。在我国西北地区，有些地方把油用亚麻也叫作胡麻，其籽亦可食，油渣可作饲料。

②菩萨旷劫修行：菩萨，为菩提萨埵的简称。意译为觉有情、高士等，其主要含义是：立志修持大乘教义，以智慧上求觉悟，下利众生，以求佛果的佛教修行者。此外，在封建社会，朝廷也赐名给有声望的大德高僧菩萨的称号。在世人中对于有德高僧亦尊称为菩萨。旷劫，十分久远的岁月年代。佛教对此有不同解释。劫，梵文音译为"劫波"，鲁迅先生有"度尽劫波兄弟在，相逢一笑泯恩仇"的诗句，这里的"劫波"引申义为灾难。大体上劫

分为大劫、中劫、小劫。岁月经过约八万四千年称为一增，即一小劫，再过约八万四千年称为一减，又是一小劫；一增一减合为一中劫；一大劫共包括八十个中劫，其中又分成、住、坏、空四个时期，每个时期各包括二十个中劫。全句意为：追求佛果的修行者经过漫长的岁月信守不渝。

【译文】

把煮熟的胡麻子种到地里的比喻故事

从前，有个愚蠢的人生吃胡麻子，觉得味道不好，就把胡麻子煮熟了吃，感觉味道很好。他想道："不如把胡麻子煮熟后种到地里，以后就会得到美味的胡麻子。"于是就把煮了的胡麻子种到了地里，当然永远也长不出胡麻子来。

世上也有这样的人，以为追求佛果的修行者要经过漫长的岁月并信守不渝，这是非常艰难的苦行，没有乐趣，就产生了这样的想法："不如修证阿罗汉果，很快地脱离在人世间生死的轮回，修证的功夫比较容易把握。"结果以后再想成就更高的佛果，就不可能达到了。这与把煮熟的种子播到地里，是不可能生长的道理一样。世上愚昧的人，也是如此。

【辨析】

一分耕耘，一分收获。世上的事都是由许多条件或因果构成的，种瓜得瓜，种豆得豆，撒什么种子开什么花。只凭借主观想象，是不能代替客观事物本身的。

取巧的想法或走捷径的心理都不能代替事物发生、发展变化的每一个具体环节。佛学中对此认识是有见地的，它对于信徒的要求是能彻底地解脱，这种解脱可以认为具有一生追寻的内涵。

自然界中，树木的向上生长、枝叶的伸展，是在克服了生存环境中的种种因素，如引力、阳光、水分、养料等的不足自发生长的。动植物都有一种为生存而努力的本能，更何况人也有追求的本能。这种本能也可以认为是寻求自由发展的表现。人对自由的品位要求是复杂、全面的。“人间遍种自由花”“不自由毋宁死”以及“生命诚可贵，爱情价更高；若为自由故，二者皆可抛”均成为千古绝唱。这种自由具有主、客观，即思想和行为两方面的内容。后者具有必死的规律，无法彻底自由。前者的自由度往往表现为思想与精神的不朽，这是从死出发去追求精神的不死，常常表现为宗教情结。它是唯心的，也难免会滑向唯灵论，但有一点是不应否定的，这就是要求精神不朽的人身上有一种催人的力量，反映了人类发掘自我价值的本质力量。

追寻不朽的未必是宗教徒。许多人不信上帝、救世主，不信天堂、灵魂，但为了人的自由解放奉献自己的一切包括生命。古往今来，这种人不胜枚举。普罗米修斯给人类盗来火种的神话传说，正是广大人民中具有奉献精神的代表。表现了一种无我的奉献和信仰。

本文中所追求的“佛果”是指达到彻底“灭”除，

包括肉体、精神的涅槃境界，是一种“无我”的存在，与庄子追求绝对自由的“逍遥”有相通之处，但在体系上比其更加庞大、精细，且具有辩证思想。

二十五、水火喻

昔有一人，事须火用及以冷水。即便宿火[1]，以澡盥[2]盛水，置于火上。后欲取火而火都灭，欲取冷水而水复热。火及冷水，二事俱失。

世间之人，亦复如是。入佛法中出家求道，既得出家，还复念其妻子眷属，世间之事，五欲[3]之乐。由是之故，失其功德[4]之火，持戒之水。念欲之人，亦复如是。

【注释】

①宿火：过夜的火。

②盥（guàn）：洗，通指清洗用的器皿。

③五欲：佛教名词，指由色、声、香、味、触，即眼、耳、鼻、舌、身五种感官而起的五种欲望，还把财欲、色欲、食欲、眼欲、名欲，也称为五欲。佛教认为五欲是难以脱离苦海的主要原因。

④功德：参见前注。亦有把福利和善行称为功德之说；“恶尽言功，善满曰德。”修行证悟的结果也称为功德。

【译文】

留冷水和火过夜的比喻故事

从前，有一个人办事需要火和凉水，于是就留下了过夜的火种，又用盆盛了凉水放在火上。后来他想用火时，火已经灭了；想取凉水时，水却热了。这样他要用的火和凉水都没得到。

世上有的人也是这样。尽管皈依佛教出家修行了，还惦念着妻子儿女、柴米油盐，体味着色、声、香、味、触带来的乐趣。这就好像失去了去恶求善的火种和信守戒条的清凉之水。割舍不了欲望的人，都是如此。

【辨析】

这个比喻故事的构思是很巧妙的。水与火是互相对立的事物，作者并没有用火燃干了水或水浇灭了火来组织文章，而是在条件的限定上做了安排。隔夜火与冷水都是必要条件，然而将水置于火上，水变热，又使火因燃尽而熄灭。这样，两个条件就同时失去了。本文的谋篇布局颇为新颖。这个故事告诉人们，事物相互作用的结果，不仅仅存在着一成一败、一荣一损的结果，而且也会两相作用，同时消亡、变化。其中的比喻也有一石二鸟之功：欲望之心既熄灭了求善去恶的功德之火，也断绝了通往清净、自在、美好的境界之水。

欲望、追求究竟是人们发展、进取的动力，还是走向痛苦深渊的根源，它反映出一个事物的两个方面。该如何取舍，每一个人在生活中都会做出选择。然而选择得正确与否，适当为之还是取其所需，这就要看各人不同的自身条件和机遇了。

二十六、人效王眼瞤[1]喻

昔有一人，欲得王意[2]，问余人言："云何得之？"有人语言："若欲得王意者，王之形相，汝当效之。"此人即便往至王所，见王眼瞤便效王瞤。王问之言："汝为病耶？为著风[3]耶？何以眼瞤？"其人答王："我不病眼，亦不著风，欲得王意，见王眼瞤，故效王也。"王闻是语，即大瞋恚[4]，即便使人种种加害，擯令出国[5]。

世人亦尔，于佛法王[6]欲得亲近，求其善法，以自增长。既得亲近，不解如来[7]法王，为求众生故，种种方便，现其缺短，或闻其法，见有字句不正，便生讥毁，效其不是。由是之故，于佛法中，永失其善，堕于三恶[8]。如彼效王，亦复如是。

【注释】

①眼瞤（rún）：眼皮跳动。

②欲得王意：想得到国王的赏识。

③著风：受风后眼部痉挛。

④瞋恚：瞋（chēn），瞪眼；恚（huì），愤怒。

⑤擯令出国：擯（bìn），抛弃。擯令出国，下令赶出国门。

⑥法王：释迦牟尼的尊称，随着佛教的发展，信徒们把许多尊号加在佛陀身上。约二百七十种。

⑦如来：佛陀的又一尊称，同上注。

⑧三恶：佛教三恶道的略说。即地狱道、饿鬼道、畜生道。佛教认为，若作恶多端，来世堕入三恶，受恶报。

【译文】

仿效国王眼跳的比喻故事

从前，有个人想得到国王的赏识，就问别人说："怎样才能得到国王的赏识呢？"有人对他说："如果要想得到国王的赏识，国王的样子，你应当效仿。"这个人听后就到国王住的地方，他看见国王眼皮不断地跳动，便仿效国王不停地眨眼。国王问道："你得病了吗？是受了风寒吗？为何不停地眨眼？"他回答国王说："我的眼没病，也不曾受风，只是想得到国王您的赏识，看到国王您的眼皮跳动，故意仿效国王您啊。"国王听了这话，瞪大了眼十分愤怒，立即叫人对他施加各种刑罚，并下令把他赶出这个国家。

世上有的人也是这样，想接受佛教，得到美好的教义，使自己增长智慧。虽已接受佛教，却不能认识佛陀为普度众生而制定的各种方法，且由于各种方法都有其不完备之处，于是这样的人听宣讲教义时见到的不正确的字句，就讥讽诋毁，仿效其中有偏差的地方。因此，他们在学习义理时，永远失去了利人利世的东西，最终会堕落到地狱、饿鬼和畜生的道路上受尽苦难。这样的人就和仿效国王眨眼一样，结果反受其害。

【辨析】

读《百喻经》到此时，细心的读者不难发现，比喻故事中的结构，都分两个层次。第一层是历史的传说或故事，每一个故事都蕴藏着一种哲理、意趣；第二层是比喻部分，寄寓一个修持佛法中的道理，由浅入深，渡渠过道，泄入佛理之深潭。这其中不乏对社会、对人生世态炎凉的评价判断，也不乏深刻的见解。诚然，也有佛教信徒对佛法的见解和强烈的佛教情结。同时也会遇到佛教中的种种常识问题，看到佛学思想的影响，这些是我国古代文化的重要组成部分,需认真地辨别分析。

故事里逢迎取媚于国王的小人，弄巧成拙，自取恶果，令人鄙视。而喻义里对于佛理中寻其偏差之人，则痛加指责,表现了宗教情绪,这一点读者也会注意到。

二十七、治鞭疮喻

昔有一人，为王所鞭[①]。既被鞭已，以马屎拊[②]之，欲令速差[③]。有愚人见之，心生欢喜，便作是言："我快得是治疮方法。"即便归家，语其儿言："汝鞭我背，我得好法，今欲试之。"儿为鞭背，以马屎拊之，以为善巧。

世人亦尔，闻有人言："修不净观[④]，即得除去五阴身疮[⑤]。"便作是言："我欲观于女色及以五欲。"未见不净，反为女色之所惑乱，流转生死，堕于地狱。世间愚人，亦复如是。

【注释】

①所鞭：受到鞭打。

②拊：同"敷"。

③差（chài）：痊愈，又写为"瘥"。

④不净观：佛教禅定方式，据载修此禅观可观想死亡后的种种污浊，从而解除对人生世事的贪恋。是禅观"五停心观"之一，即不净观、慈悲观、因缘观、界分别观、数息观，以分别解除世俗的贪欲、瞋恚、愚痴、我见、散乱浮躁等心绪。

⑤五阴身疮：五阴，又称为五众、五蕴，佛教专用名词。大

致包括色、受、想、行、识五方面的内涵，通常色指物质、客体，其余组成主体、精神世界，因此五阴在广义上指物质世界和精神世界的总和。身疮：指主客观世界给人带来的烦恼和苦难。

【译文】

治疗鞭伤的比喻故事

过去，有一个人遭到国王的鞭打。他被鞭打后，就用马粪敷在伤口上面，想让伤口早点痊愈。有个愚蠢的人看见了，心里很高兴，便这样想道："我快得到治疗创伤的方法了。"立刻回到家，对儿子说："你来抽打我的背，我得到了好的治创伤的办法了，现在想试一下。"儿子便用鞭子抽打他的背，然后用马粪敷在他背上，他自以为得到了很好的妙方。

世上有人也是这样，听到人说"修行解除人世贪心和欲望的方法，就可以除去由外界和精神产生的身心痛苦"，就这样讲："我想见到女色和享受到眼、耳、鼻、舌、身五个方面的欲望。"结果非但没有领悟人生的烦恼和不洁净的方面，反而为女色迷惑，沉溺于世俗的转回之中，最终饱受地狱的苦难。世上愚昧的人，也同样如此。

【辨析】

从故事中我们可以领悟到在人类的发展史上，有许多进行尝试的先行者。那个被鞭打后的人，痛不可耐，情急之中，用马粪敷之，虽然不能止痛，在心理上也许会有一种安慰。各种疗伤的土法药方，也许正是在人们千百次的实践中，不断地被发现和总结出来的。当然那位自以为发现别人秘方的人，以急功近利之心忖之，自伤敷粪，只会使自己反受其害，自食苦果。它提示人们：不加分析的盲目实践，与蛮干无异。

至于比喻中修观、参悟人生苦难但贪欲的人，由于出发点是观看女色，满足欲望，最终只能自招其害。佛教把贪欲之人的终结，表述为在地狱和种种可怕的境况下度过来生。它在客观上，对于扬善抑恶、劝诫人心是有一定作用的，尽管这种学说是建立在唯心论的基础上的。在这种善恶报应影响下产生的世俗文艺，在民间广泛传播，它表现了受压迫人民的美好、善良的愿望，是人心向善的历史证明。因此我们应该认真地分析，不应以偏概全，更不应简单地斥之为封建迷信，要用历史的眼光客观辩证地对待。

二十八、为妇贸鼻喻

昔有一人，其妇端正，唯其鼻丑。其人出外，见他妇女面貌端正，其鼻甚好。便作念言："我今宁可截取其鼻，著我妇面上，不亦好乎？"即截他妇鼻，持来归家，急唤其妇："汝速出来，与汝好鼻。"其妇出来，即割其鼻，寻以他鼻著妇面上。既不相著，复失其鼻，唐使其妇受大苦痛。

世间愚人，亦复如是。闻他宿旧沙门婆罗门①，有大名德②，而为世人之所恭敬，得大利养。便作是念言："我今与彼，便不为异。"虚自假称，妄言有德，既失其利，复伤其行。如截他鼻，徒自伤损。世间愚人，亦复如是。

【注释】

①宿旧沙门婆罗门：宿旧，过去的。沙门，"沙门那"的简称，意为勤劳、净志、息恶、修道等。原指古印度各宗教派别中出家修行的人，佛教兴起后，成为专有名词，指佛教僧人。本文指过去的高级僧侣婆罗门。

②大名德：即大德。指修行有道的高僧，意为有大德行者。以后成为佛教专有名词，专指佛、菩萨等。在中国佛教中，把长老以及对弘扬佛法有贡献的信徒，如译经高僧亦称为大德。在隋、

唐、宋时，大德往往是由政府任命的管理僧尼信众的高僧。

【译文】

为妻子换鼻子的比喻故事

从前有一个人，他的妻子长得很端庄，只是鼻子长得丑。这人在外出时，见到一位妇女面貌端正，鼻子秀美。他就想道："我现在可以把她的鼻子割下来，换到我妻子的脸上，这不是很好吗？"他立即割下了那位妇女的鼻子，捧回家里，急忙喊他妻子："你快出来，给你一个秀美的鼻子。"妻子出来后，他马上割下了她的鼻子，又把那位妇女的鼻子安在妻子的脸上。但既不能安上，又失去了妻子原来的鼻子，荒唐地使他妻子受了极大的痛苦。

世上愚蠢的人，也是这样。听说过去的修行者婆罗门教的僧侣，因为有大德行者的名声，而受到社会上人们的羡慕和尊敬，得到了极大的利益和供奉。于是就想道："我现在与他，并没有什么不同。"吹嘘自己，编造谎言，胡说自己是有德行的人。这样不仅失去了自己原来的形象，还败坏了品德行为。就像割别人鼻子替换的行为一样，只会荒唐地损坏了自己。世上愚昧的人，也同样是如此。

【辨析】

在世界上，最复杂、最深奥的东西，莫过于人的思想。它的复杂表现在无论是对自然界中的山川江海、日月星辰，还是对花树瓜果，蜂蝶鸟禽都会积极地探索，并努力使其为自身服务。人的思想在社会生活中又表现为形形色色的不同认识，包括对自身的思考、对社会的透析。但如果归结为一个字，可用“私”来概括。这个字最初的写法是一个环形的符号，大概是围绕自己，以个人为中心的意思。为私者，有损人利己的，也有损人不利己的，还有自利利他的，或先利己后利他或先利他后利己的，总之不能一概而论；为他者，有推身利以利人的，也有宁苦身以利人的，这两类都受到人们的敬重。大体上，能涵盖天下之私，即与人人有益的事，就能被称为“大公”。每个人都希望生存条件能得到保证，思想得到尊重，这是现实的，也是唯物的。佛教中要修行到“无我”的“空”的境界，是唯灵的。其目的是使人们从苦难中解脱，因此它也具有“善”的理趣，正基于此，对故事中损人又害己的作为采取了扬弃的态度；对于在社会生活中沽名钓誉，以谎言掩盖真相的行径也应给予抨击和否定。

二十九、贫人烧粗褐衣喻

昔有一人，贫穷困乏。与他客作[①]，得粗褐衣[②]而被著之。有人见之而语之言："汝种姓端正[③]，贵人之子，云何著此粗弊衣褐？我今教汝，当使汝得上妙衣服。当随我语，终不欺汝。"贫人欢喜，敬从其言。其人即便在前燃火，语贫人言："今可脱此粗褐衣著于火中。于此烧处，当使汝得上妙钦服[④]。"贫人即便脱著火中，既烧之后，于此火处，求觅钦服，都无所得。

世间之人，亦复如是。从过去[⑤]身修诸善法，得此人身。应当保护，进德修业，乃为外道邪恶妖女之所欺诳："汝今当信我语，修诸苦行，投岩赴火，舍是身已，当生梵天[⑥]，长受快乐。"便用其语，即舍身命。身死之后，堕入地狱，备受诸苦，既失人身，空无所获。如彼贫人，亦复如是。

【注释】

①客作：打短工。

②粗褐衣：毛或麻粗制成的短衣。

③种姓端正：种姓，参见前注。本句指出身高贵。

④上妙钦服：上等优质的皇室服装。

⑤过去：与现在、未来相对应，指现在已消亡但组成了今日的人生部分或前世因缘。

⑥梵天：亦称大梵天，是婆罗门教、印度教的创造之神。当生梵天，意即进入清净、不灭的最高境界。佛教产生后，借用这一名词，专指释迦牟尼的护法神，立于其右侧，持白拂。

【译文】

穷人烧粗制衣服的比喻故事

从前，有个人穷困无奈，给别人打短工，得到一件粗制的短衣并穿在身上。另一个人见了，便对他说："你出身高贵，是贵族的子孙，为何穿着这样粗制破旧的衣服？我可以教你一个方法，会使你得到上等优质的衣服。你按我说的做，绝不会骗你。"穷人听了十分高兴，表示按他说的做。那人便在他面前燃起一堆火，对穷人说："现在你可以脱下你的粗制衣服扔到火里。在这烧掉的衣服处，会使你得到优质的皇室服装。"穷人便脱下衣服扔到火里烧掉，之后，在火堆灰烬处找皇家衣物，最终一无所得。

世上有的人，也是这样。在已过去的岁月，即前世里，修持美好的行为，来到了人间。本应珍惜人生，继承传统修持善行，却听信其他宗教罪恶妖女的欺人之言："你今天应当信从我的话，修持苦行，要能投山谷，跳火坑，舍生忘死，就会生往清净不灭的境界，享受永久的快乐。"随之舍去身家性命。结果死去之后，堕落到地狱之中受尽了苦难，不仅丧失了人生，而且一无所获。那个穷人，也是如此。

【辨析】

清醒地面对现实，正视自己，脚踏实地地生活不是每一个人都能做到的事情。在现实生活中，我们常常可以听到类似“人生贵在一搏”的话，也耳熟“我拿青春赌明天”的歌词。对这些话语的理解至少有两种：一是敢于迎接命运的挑战，抓住机遇，这种精神是值得提倡的；另一种只是怀着投机心理碰运气而已，对此就应当保持头脑的冷静了。有一定的基础、条件，这是拼搏、冲击的前提，如果不顾主客观条件的限制，只是凭一时的冲动而做人生的选择，就会失之于偏颇。

脱离实际的幻想越美好，在现实生活中就会摔得越重。在变幻莫测、风至潮涌的经济社会生活里，我们所赞美的拼搏精神，是以实力为后盾的。我们并不否定“赌”一把的胆识，但不能忘记“赌”是要“下注”的，不要使“下注”的“筹码”失了重。我们更欣赏那些对人生采取慎重的理性价值判断，在事业、理想的征程上坚韧不懈的追寻者，以及一步一个脚印的开拓者。每一个人都应珍惜和把握好有限的人生，走好自己的路。

三十、牧羊人喻

昔有一人，巧于牧羊，其羊滋多，乃有千万。极大悭贪[①]，不肯外用。时有一人，善于巧诈，便作方便[②]，往共亲友，而语之言："我今共汝，极成亲爱，便为一体，更无有异。我知彼家有一好女，当为汝求，可用为妇。"牧羊之人，闻之欢喜，便大与羊及诸财物。其人复言："汝妇今日已生一子。"牧羊之人未见于妇，闻其已生，心大欢喜，重与彼物。其人后复而语之言："汝儿生已，今死矣！"牧羊之人，闻此人语，便大啼泣，歔欷[③]不已。

世间之人，亦复如是。既修多闻[④]，为其名利，秘惜其法，不肯为人教化演说。为此漏身之所诳惑[⑤]，妄期世乐，如己妻息[⑥]，为其所欺。丧失善法，后失身命并及财物，便大悲泣，生其忧苦。如彼牧羊之人，亦复如是。

【注释】

①悭（qiān）贪：吝啬贪婪。

②方便：方式、方法、权谋、机变。佛教名词。包括"利益他人""度脱众生"的一切手法、宣传教义的方式和谋略等含义。

③歔欷（xū xī）：抽泣，哭后的抽动。

④多闻：多听佛法，即认识佛理中对世界的看法，增长智慧。佛教专有名词。

⑤漏身：漏，为烦恼的异名。佛教名词。漏身，世俗的烦恼充满身心。诳惑：欺骗迷惑。

⑥妻息：妻子儿子。息，子女。

【译文】

牧羊人的比喻故事

从前，有个人很善于牧羊，羊的数量增长得很快，有成千上万只。他非常吝啬贪婪，从不肯帮助别人。当时有一个人，善于巧妙地骗人，便借机存心和牧羊人来往，成为亲近的朋友。他对牧羊人说：“我现在和你关系十分亲密，好似一个人，不分彼此。我知道有一人家有一个漂亮的女儿，要为你去求亲，让她做你的妻子。”牧羊人听了后十分欢喜，就给了他许多羊和礼物。不久他又说：“你妻子今天已生了一个儿子。”牧羊人还未见过自己的妻子，听说已生了孩子，心里十分高兴，又给了他许多礼物。这人后来又对他说：“你儿子生下后因病今天死了！”牧羊人听了这话，就泪流满面，抽泣不已。

世上有的人，也是这样。已经接受和具备了对人生社会的认识，但为了自己的名声利益，悄悄地修行，不肯为别人讲解和宣传。被世俗的烦恼欺骗和迷惑，试图得到人生的享乐，连自己的妻子儿女，都受到欺侮。不仅失去了佛教的教理，还失去了自家性命和财产。这时才悲痛流泪，徒生忧愁和苦难。就好像那位牧羊人一样。

【辨析】

财富最终是属于社会的，个人的占有是暂时的。在历史的长河中，人的一生也不过是短暂的一瞬间。因此人们对于那些占有财富而贪得无厌之人总是鄙视的。值得注意的是在佛教中，对于掌握一定“法”的人和信徒，要求他们要将所知尽可能地传授于人，以利佛教本身的发展和传播。也正是这种不保留心得的教义，使得佛教成为世界三大宗教之一，逾两千五百余年而不衰，其文化影响更是使每一位认真的学者都叹为观止。例如，世界现存最早的雕版印刷的木刻本是佛经。在世界四大文明古国之一的中国，佛教文化的传播极为广泛。现存甘肃敦煌的佛教壁画，云冈、龙门的石窟，西安的唐代佛教建筑大雁塔等，都是佛教重视借助文化载体传播教义有力的历史证明。

如果有人认为佛教主旨是消极避世、与世无争的话，那么我们可以说这是一种幼稚和无知的认识。我们知道，脱离世俗烦恼的“般若性空”是大乘佛教的理论基础，《金刚经》是影响最大的般若思想的代表经典。在经文行将结束的时候，释迦牟尼苦口婆心地告诫高僧须菩提：如果有人以宇宙间无数的珍宝用来施舍于人，所得到的福分也不如那些能够学习本经，即使只接受了四句话，只要心领神会，阅读背诵，并能对别人进行讲演解说，传授佛门义理的人所得的福分多。其关注佛教传播的思想是显而易见的。

在我国流传极广的文学作品《西游记》中，对于唐僧的形象，人们会感到呆板、无能，是被妖怪“吃”的对象，在改编的电影、电视连续剧中也同样是不善言辞、傻头傻脑、人妖不分的呆和尚。如果认为唐僧的原型、我国初唐佛教高僧玄奘就是一位不善言辞的木讷之人，那就大错特错了。作为旅行家、翻译家，他是前无古人的；作为一个佛教学者，其博学雄辩在中印诸国享有极高的声望。他印度游学十七载，在佛学首府那烂陀寺主持讲经，在参加者数千、听讲者五万的各教派“无遮”辩论大会上，十八天无人诘难。印度君主戒日王依惯例，请胜利者玄奘骑大象绕场一周，并当场授予“大乘天”这一印度最高的荣誉称号。他“孤游沙漠”行程五万，回长安时，人们罢市出迎。李世民在与玄奘交谈后称他“词论典雅”“非唯不愧古人，亦乃出之更远”。（慧立：《大唐大慈恩寺三藏法师传》卷六）中印佛学界对于辩才要求之高，可见一斑。中国历代佛学高僧在讲经说法时的“机锋”“慧巧”更是不胜枚举。

三十一、雇倩瓦师喻

昔有婆罗门师，欲作大会[①]。语弟子言："我须瓦器以供会用。汝可为我雇倩[②]瓦师。诣市觅之。"时彼弟子往瓦师家。时有一人，驴负瓦器，至市欲卖。须臾之间，驴尽破之。还来家中，啼哭懊恼。弟子见已而问之言："何以悲叹懊恼如是？"其人答言："我为方便，勤苦积年，始得成器。诣市欲卖，此弊恶驴，须臾之顷，尽破我器，是故懊恼。"尔时弟子见闻是已，欢喜而言："此驴乃是佳物，久时所作，须臾能破，我今当买此驴。"瓦师欢喜，即便卖与。乘来归家，师问之言："汝何以不得瓦师将来，用是驴为？"弟子答言："此驴胜于瓦师，瓦师久时所作瓦器，少时能破。"时师语言："汝大愚痴，无有智慧。此驴今者适可能破，假使百年，不能成一。"

世间之人，亦复如是。虽千百年受人供养，都无报偿，常为损害，终不为益。背恩之人，亦复如是。

【注释】

①大会：婆罗门教讲经传法的聚会。

②倩：此处读 qiàn，指请人代自己做事。

【译文】

雇请瓦师的比喻故事

从前，有一位婆罗门教的法师准备召开一次讲经传法的聚会。他对学生说："我需要瓦器，供会上祭祀时使用。你为我请一位瓦师来做事，就在市场上找一位。"于是他的学生就到瓦师居住的地方去请。这时有一个人用毛驴驮着瓦器，到市场上去卖。顷刻之间，瓦器全被驴摔到地上打破了。这人只好回家，并痛哭流涕，十分懊恼。这位学生看见了就问他："为何这样悲伤懊悔和烦恼呢？"那人回答："我为了图方便，把辛苦做了一年的瓦器集中起来，想一次拿到市场上去卖掉。但这头顽劣的恶驴，在顷刻之间将我做的瓦器全部摔破了。因此懊悔烦恼。"学生听了这话后，高兴地说："这头驴真是头好驴，花费很长时间做的东西，顷刻之间就都打破了。我现在就要买这头驴。"瓦师听了很高兴，马上卖给了他。学生骑着驴回到家后，法师问他："你不将瓦师请来，买这头驴干什么？"学生回答："这头驴比瓦师能干，瓦师用很长时间做好的瓦器，驴片刻之时就将其全都摔破了。"这时法师说："你太愚昧无知了，一点脑子都不用。这头驴固然可以摔破瓦器，但即使给它一百年时间，也做不了一件瓦器。"

世上有的人，也是如此。虽然千百年来都受别人的供奉养育，却不知道报答，反而常常损害别人，从不为他人谋利益。忘恩负义的人，也同样如此。

【辨析】

我们在阅读《百喻经》时，常常可以发现印度古代哲学史和佛教发展史上的线索，这给帮助我们认识当时印度社会和各宗教在发展和消亡过程中的历史现象提供了有价值的思想资料。正如人们知道的，古代印度没有留下什么历史著作，有关其思想和哲学史、佛教史的重要资料，被大量地保存在中国的汉译佛经和文献里。

从本篇的喻义中，可以看出在佛教产生和发展中，反对婆罗门神权和思想统治的痕迹。斥责他们长期受到人们供奉,但不仅不知道为人们谋福利,反而经常害民。在《长阿含经·梵动经》中曾列出了婆罗门的种种罪行，达十四条之多。而本文列出的“忘恩负义”则又是千百年来受到人们供养的婆罗门种姓的又一罪行。

三十二、估客偷金喻

昔有二估客[1]，共行商贾。一卖真金，其第二者卖兜罗绵[2]。有他买真金者，烧而试之。第二估客即便偷他被烧之金，用兜罗绵裹。时金热故，烧绵都尽。情事既露，二事俱失。

如彼外道，偷取佛法，著己法中，妄称己有，非是佛法，由是之故，烧灭外典[3]，不行于世。如彼偷金，事情都现，亦复如是。

【注释】

①估客：商人。

②兜罗绵：野蚕茧，本处指丝织品。

③外典：佛教以外的经典。《法华经》中有："读外典者，如视日光，令人眼暗。"

【译文】

商人偷金子的比喻故事

从前，有两个商人共同做买卖。一个卖真金，另一个卖丝织品。有人买真金时，都要用火烧来试验真假。这时另一个商人便

香嚴智閑禪師焚經畫
仿明人筆意 景澤

偷被烧过的金子，用丝织品包藏起来。但由于金子很热，把织物都烧光了。事情也就败露了，金子和丝织品都失去了。

就好像其他教派，借鉴佛教义理，把它吸收到自己的教义中，并错误地声称是本来就有的，而不是佛教的义理。正由于这样，人们最终会发现，并烧掉其他教派的经典，使其在社会上不能流传。这正如那偷金子败露的故事，结果同样如此。

【辨析】

在现实生活里“弄巧成拙”“偷鸡不成蚀把米”的事时有发生。究其理，其实做任何坏事的人都在劫难逃，躲得了一时，难以躲一世；逞得了一时，难以保终生。以损人开始，以害己告终的事可谓多矣！人常讲天眼不开，但人心难欺，就是这个道理。大家的眼睛是雪亮的，人心总是永远向着善、向着光明的。不可否认在人生的漫漫旅途中，难免会碰到是非混淆、人妖颠倒的特例，但乌云永远也遮不住太阳的光芒，正义永远都不会被恶势力吓倒。人类社会的历史证明，罪恶最终都会被人们清算，正义最终总会战胜邪恶。

三十三、斫[1]树取果喻

昔有国王，有一好树，高广极大，当生胜果[2]，香而甜美。时有一人，来至王所，王语之言："此之树上，将生美果，汝能食不？"即答王言："此树高广，虽欲食之，何由能得？"即便断树，望得其果，既无所获，徒自劳苦。后还欲竖，树已枯死，都无生理。

世间之人，亦复如是。如来法王有持戒树[3]，能生胜果。心生愿乐，欲得果食，应当持戒，修诸功德。不解方便，返毁其禁。如彼伐树，复欲还活，都不可得。破戒之人，亦复如是。

【注释】

①斫（zhuó）：本义为大锄，引申义为砍、斩、断。

②胜果：佛教名词。指佛果，修证圆满的涅槃境界，在本文比喻部分即此意。故事部分中的胜果指世俗中的美好果实。

③持戒：信守戒律而不触犯。树：根本。持戒树，比喻有产生信守戒律的思想。传说在一次佛陀乞食时，农夫问："你要是耕种，不也就有粮食了吗？"佛祖释迦牟尼回答："我也是终年耕耘，并获得了不朽的成果。"他进一步说："我的田地是法，我

除去的野草是欲望，我的锄头是智慧，我收获的成果是涅槃。”

【译文】

砍树摘果实的比喻故事

从前的一位国王，有一棵珍贵的大树，高大茂盛，能结出美好的果实，清香而甜美。这时有一个人来到国王住的地方，国王对他说："这棵树上，将结出美味的果实，你能吃到不？"这人回答国王说："这棵树高大茂盛，即使想品尝到果实，又怎能摘到呢？"国王叫人砍倒了这棵树，指望得到果实。树当然不能结果了，白劳累了一番。后来国王又想把树重新种好，但树已经枯死了，没有成活的道理。

世上有的人也是如此，如来佛祖有修行求证的教理，信守它就能达到涅槃境界。心中产生修行美好境界的愿望，要求得佛果的境界，这就应当信守戒条，并积善除恶。不能施行念佛、诵经、布施等修行方法，反而破坏禁律戒条。这就像砍倒了大树，还想让它复活一样不可能。破坏了戒律的人，也会有同样的结果。

【辨析】

砍树求果的行为是荒诞的，其结果也显然易见。问题是，当发现了这种错误后，再挽救已经不可能了。这种情况告诉人们：任何美好的事物、有价值的东西，如果想去破坏它，是不难办到的。乘一时之兴或一时之气，不假思考的草率行为，会产生很大的破坏作用。同时，人们不难想到，有的过失犯了可以补救，但有的错误一旦铸成就无法挽回，“一失足成千古恨”说的就是这个道理。其实人生的旅程又何尝不是这样呢？尽管有几十年的风风雨雨，有多少次的选择、判断，但是关键的选择也许只有一次或者几次，在关键处“三思而后行”无疑是有益的。

个人是如此，一个国家、社会同样是这样，对于处在由传统社会、半封闭的社会转向现代社会，走向市场经济为主导的开放型社会的人们来说，在重大问题的抉择上需要保持冷静的头脑。在走向物质文明的同时，对于人的思想和道德的教育引导，以及制定正确的政策就尤为重要。毋庸讳言，随着商品经济的发展，拜金主义、功利至上的风气盛行，发财的欲望迅速地膨胀起来，导致用非正常方式先富起来的投机心理加剧。以权谋私、贪污行贿、走私贩毒、赌博嫖娼、挥霍国家财产、浪费无度，甚至于拐卖妇女儿童等各种社会生活中阴暗的部分也暴露了出来。这种状况若不重视，不仅会危害社会，而且凡涉足之人，一旦染指，都很难自拔。最终都会以害人害己告终，悔之晚矣。因此在社会大潮涌动之时，应当头脑清醒，惜身如玉，这才是真正可贵的品格。

三十四、送美水喻

昔有一聚落[①]，去王城五由旬[②]。村中有好美水。王敕[③]村人，常使日日送其美水。村人疲苦，悉欲移避，远此村去。时彼村主，语诸人言："汝等莫去，我当为汝白王，改五由旬作三由旬，使汝得近，往来不疲。"即往白王，王为改之，作三由旬。众人闻已，便大欢喜。有人语言："此故是本五由旬，更无有异。"虽闻此言，信王语故，终不肯舍。

世间之人，亦复如是。修行正法度于道向涅槃城[④]。心生厌倦，便欲舍离，顿驾生死，不能复进。如来法王，有大方便。于一乘法[⑤]，分别说三[⑥]。小乘[⑦]之人，闻之欢喜，以为易行，修善进德，求度生死。后闻人说，无有三乘，故是一道，以信佛语，终不肯舍。如彼村人，亦复如是。

【注释】

①聚落：村落，村民居住点。

②由旬：是古代印度计算里程的单位，分上、中、下由旬三种，各为六十里、五十里、四十里。（参见《维摩经注》）

③敕（chì）：皇帝的命令或诏书。

④涅槃城：佛经比喻。比喻圣者居住的地方。参见《长阿含

经·四》。

⑤一乘法：佛教名词，指一佛乘之法。指一切众生都可以成佛的教义。

⑥说三：指声闻、独觉、菩萨三乘，三乘中菩萨乘亦称佛乘。

⑦小乘：指小乘佛教。原系大乘佛教对原始佛教和部派佛教的贬称。小乘又称“上座部佛教”，属南传佛教，今主要流传于南亚、东南亚各国，在我国主要分布在云南等少数民族居住区；大乘佛教主要流传于我国，在传播路线上属北传佛教。二者的区别主要在于：小乘把释迦尊为佛祖，大乘则认为有无数佛，人人皆有佛性；前者修正自我解脱，后者普度众生。在修习方法和所宗经典上也各有不同。

【译文】

送好水给国王的比喻故事

古时候有一个村落，离京城有二百五十多里路。村里有甘美的水源。国王下令村民每天都给他送水使用。村民疲惫不堪，都要搬到别处去，远离这个村庄。这时村长对大家说：“你们不要走，我为你们向国王请求，把二百五十里路改为一百五十里路，使你们送水的路近一些，来回就不累了。”于是就请求国王，国王就改为一百五十里路。大家听了，十分高兴。有人说：“这还是原来的二百五十里路，名义上的一百五十里，与二百五十里并没有不同。”虽然那人这样说，但由于相信国王的话，村民最终还是没有搬走，仍然天天送水。

世上有的人也是如此。修行佛学的教理，在解脱之路上，奔向脱俗的圣者所居住的地方。由于内心产生了厌倦情绪，就想离开修行之路，重返生死轮回的困境，不能进取。佛祖传法，有十分精妙的谋略方法。将人人都有佛性，只要向善修度都可成佛的法理，分为接受教义、独自修证、超脱人生三个层次和阶段。只想尊奉佛祖，自身超脱的修行者，听到后十分欢喜，以为容易修行，不断行善增进道德修养，脱离生死境地。后来听人说，所谓三个层次的修行，其实都是在修证成佛的一个法理。但由于只片面地相信释迦牟尼的三个阶段教义，只想个人修悟，不求普度众生。这和村里的人只信国王的话，不顾实际的做法一样。

【辨析】

人们对社会和社会生活中的现象的认识是不同的。而且人们认为正确的认识，不一定正确反映了的现实。佛教中也有不同的宗派，对教义的理解也有所不同，各方都认为自己的认识和理解是“正法”。我们看来，小乘佛教比较接近释迦创立时期的佛教；大乘佛教在教义上加进了信徒的发展、补充，在影响上更加具有广泛性。

在故事中，我们看到了封建社会的认识，“唯上论”“唯王论”，所谓普天之下、莫非王土，普天之内、莫非王法。国王的话，就是正确的认识，它体现了王权的本质，其荒谬是显而易见的。在宗教和佛教信徒中，以教祖之言为标准进行取舍辨别是非的情形也随处可见。总的看，大乘佛教更加成熟，其教义更精密，影响更大，如其度天下人于苦海，脱离苦难的教义，就有明显的群众性，其善的内涵更广泛，对社会、人生的认识更深刻。它对王权、神权都是有保留的，对佛祖和成佛的对象的认识也是具有广泛性的，否定了一佛的认识，这是它以人为中心的佛学理论的高明之处。在今天我们可以说，“唯上”的说教，已经渐渐地被人们用民主与科学的认识所取代，这是历史的进步，这种进步也是用惨重的代价换来的。在有几千年封建专制统治历史的中国，有重要的认识意义。在笔者写下这些话的时候，恰逢日食，太阳似一弯月亮般地高悬在东方，它似乎在启示着人们,那火红的太阳也有缺损的时候,更何况人呢?在公元 1997 年 3 月 9 日的这一天，自然科学工作者在为日食的观测而喜悦的时候，一位社会科学工作者，也同样被这种自然界的景观所触动，去进行对社会、人生的思索：用科学代替迷信，用民主代替个人专制是一项十分艰巨的历史任务。

三十五、宝箧[1]镜喻

昔有一人，贫穷困乏，多负人债，无以可偿，即便逃避。至空旷处，值箧，满中珍宝。有一明镜，著珍宝上，以盖覆之。贫人见已，心大欢喜，即便发之[2]。见镜中人，便生惊怖，叉手[3]语言："我谓空箧，都无所有，不知有君在此箧中，莫见瞋也。"

凡夫之人，亦复如是。为无量烦恼之所穷困，而为生死魔王债主之所缠著，欲避生死入佛法中，修行善法，作诸功德，如值宝箧，为身见镜之所惑乱，妄见有我[4]，即便封著，谓是真实，于是堕落。失诸功德，禅定道品[5]，无漏诸善，三乘道果[6]，一切都失。如彼愚人，弃于宝箧。著我见者，亦复如是。

【注释】

①箧（qiè）：本文指放珍宝的小箱子。

②发之：打开。

③叉手：俗称拱手。古印度叉手之礼，合掌交叉手指称叉手。

④有我：对自身的执着，有我则不能脱离世俗的烦恼。所谓我非我，称之为我。

⑤禅定道品：禅定，佛教名词。禅与定的合称，主要指高度集中、专注一境的思维活动。大乘佛教主张以般若即智慧指导禅定，倡“定慧双运”。我国禅宗以禅为宗，讲究“修心”“见性”的顿悟。道品，为通向涅槃之路的三十七种修行内容，如四念处、四正勤、四如意足、五根、五力、七觉支、八正道等。

⑥三乘道果：修持分别达到声闻、独觉、菩萨乘的三种境界。

【译文】

得到宝箱中明镜的比喻故事

从前，有一个人贫困穷苦，欠了别人很多债，因无力偿还，就外出躲债。他来到了一处旷野，发现有一个小箱子，装满了珍贵的财宝。有一面明镜，放在珍宝上面，用一个盖子盖在上面。穷人见到，心里十分高兴，立即打开。他看见镜中有一个人，非常惊恐，便合掌行叉手礼说：“我以为是个空箱子，没有什么东西，不知道您在箱子里面，请不要见怪。”

普通的人，也是如此。为生死欲望等各种烦恼所包围，纠缠在生死轮回的反复之中，想脱离人世的苦海，进入超脱、澄清的世界，就修行佛教义理，念佛、诵经、持戒。好比发现了宝箱，被其中明镜所看见的形象迷惑，错误认为形象是真实的，并执意坚持这是确切的，从而堕入生死轮回的旧路。丧失了所做的努力，使专注一境的思维修行、信守修心见性的三十七种内容，脱离烦恼的实践，进入澄明的境界，全部失去。如愚蠢的人，丢弃了宝箱一样。执着地抱着有我认识的人，也同样如此。

【辨析】

无我的思想，并非是佛教所独有的，舍生取义，杀身成仁，中国历史上那些仁人义士，面对死亡而慨然就义的行为，都体现了这种思想。但在无我之中，还有一种信念：留得生前身后名，或是“人生自古谁无死，留取丹心照汗青”，这都充溢着一种肝胆照人的豪气。在中国佛教的教理与修行上，讲究所谓由“小我到大我”，即把自我融入无限的宇宙空间的方法：专注凝神，体味人的存在并非独有，与自然相谐，从而产生由爱自己到爱一切人一切物的境界。把自我和整体，即人类相吻合，使自我变得不再狭隘，变得化入整体，能体验投入、奉献的幸福，这就会产生力量和智慧，进入“大我”的境地。这里，佛教认为一切事物都在变化，无恒、无常，而“我”的偏见在于看不到“我”的变化以及体现“我”的外部，即外因和内部构成的条件，一切都是“空”。如果坚持“我”就无法脱离生、死、爱、欲等烦恼，因此修持的目标在于从“大我进入无我”的彻底自由的境界。这是人心的顿悟，是“灵性”，因而它是“唯灵”的。

佛学义理作为中国传统思想中的一部分，在流传中，在现实生活中，也有积极意义。如“人到无求品自高”“无私者才能无畏”“人生的意义在于奉献”这些有益的格言里，都具有“无我”的底蕴。

三十六、破五通仙[1]眼喻

昔有一人，入山学道，得五通仙。天眼彻视[2]，能见地中一切伏藏[3]，种种珍宝。国王闻之，心大欢喜，便语臣言："云何得此人常在我国，不余处去，使我藏中得多珍宝？"有一愚臣，辄[4]便往至，挑仙人双眼，持来白王："臣以挑眼，更不得去，常住是国。"王语臣言："所以贪得仙人住者，能见地中一切伏藏。汝今毁眼，何所复住？"

世间之人，亦复如是。见他头陀[5]，苦行山林、旷野、冢间、树下，修四意止[6]，及不净观[7]，便强将来，于其家中，种种供养。毁他善法，使道果不成。丧其道眼，已失其利，空无所获。如彼愚臣，唐毁他目也。

【注释】

①五通仙：有五种神通的修行者，非佛教的古印度其他教派经过修行也可达到五通。即"神足通"能飞天入地，变化自在；"天眼通"能见世间种种情形；"天耳通"能听世间种种声音；"他心通"能知人们心中之事；"宿命通"知自己与他人命运。

②彻视：透视，洞察。

③伏藏：深藏、埋藏的东西。

④辄（zhé）：立即，就。

⑤头陀：意为“抖擞”，即去除尘垢烦恼。也是佛教在衣、食、住方面的十二种艰苦的修行方法。

⑥四意止：又名四意断、四正勤，是道品三十七种的四种内容：对已生之恶除去并勤奋修行，对未生之恶使其不再产生而努力修行，对未生之善而努力培育使其增进，对已生之善发扬光大而奋进。因能断除懈怠，故称四正断、四正止。

⑦不净观：参见前注。以治“贪”为目的的禅观方法。观想自身、他身的污秽，以消除对人生的贪恋。

【译文】

挖去仙人眼睛的比喻故事

从前，有一个人进山学道术，得到了五通仙法中的“天眼通”，能透视物体，可见到埋藏在地下的各种珍宝。国王知道了，心里很高兴，就对大臣们说：“怎样才能使这人常住我国，不到别处，使我得到埋藏在地下的各种珍宝呢？”有一位愚蠢的大臣，立刻便动身，去挑了仙人的双眼，拿回来禀告国王：“我已挖掉他的眼，他再也不能到别处去了，会一直住在我国。”国王对这个大臣说：“之所以希望仙人常住，是由于他能发现地下埋藏的珍宝。你现在挖掉了他的眼，住在这里又有什么用呢？”

世上有的人，也是如此。看见求得解脱的修行者艰苦地在山林、旷野、墓地、树下修行，以断除懈怠，解除对人生的贪恋，就把修习者硬请到家里，千方百计地供奉和养活他。这样就破坏

了他修行的方法和体验，使他达不到澄明的境界。丧失了智慧的眼光，就失去了断绝烦恼的利剑，在修行的体验中就会一无所获。同那位愚蠢的大臣，荒唐地毁掉了仙人的眼睛一样。

【辨析】

在这则比喻故事中，人们可以从几个角度去分析、透视。在封建社会里，有一技之长的人，如果不能为统治者使用，往往会招致杀身之祸。他们处于被奴役的地位。封建的统治是建立在对人民的镇压剥削之上的，那位大臣为了讨得国王的赏识，竟然用残酷的挖眼的方式来使有“天眼”的仙人不能离开。其做法的愚蠢姑且不论，其手段的凶残就令人发指，其奴性与残忍的结合，构成了封建官僚集团的本质特性。说明了王法就是国法，国王的意图就是法律，臣子们只需照着做就行，不论你是怎么做的，唯上就行，受损害的只能是普通的百姓。

三十七、杀群牛喻

昔有一人，有二百五十头牛，常驱逐水草，随时喂食。时有一虎，啖[1]食一牛。尔时牛主即作念言："已失一牛，俱不全足，用是牛为？"即便驱至深坑高岸，排著[2]坑底，尽皆杀之。

凡夫愚人，亦复如是。受持如来具足之戒[3]，若犯一戒，不生惭愧清净忏悔[4]，便作念言："我已破一戒，既不具足，何用持为？一切都破，无一在者。"如彼愚人，尽杀群牛，无一在者。

【注释】

①啖（dàn）：吃。

②排著：一个接一个地推。

③具足之戒：又称大戒，佛教名词。指皈依佛门的和尚和尼姑所遵守的戒条。比丘，即和尚戒二百五十条；比丘尼，即尼姑戒三百四十八条。出家的佛教徒根据戒法规定受持此戒，即取得正式僧尼资格。

④清净忏悔：清净，佛教名词。指远离罪恶的行径，脱离烦恼的境界。忏悔，佛教名词。指对人说出自己的过错，请求宽恕。

佛教规定，出家人半个月举行一次诵戒，给犯错者以说过悔过的机会。

【译文】

杀一群牛的比喻故事

从前，有个人有二百五十头牛。他常把牛群赶到水边草地，随时有草料喂养。一次有一只虎吃掉了一头牛。这时牛的主人便想："已失去了一头牛，也不成整数了，留下这些牛还有什么意思？"于是就把牛赶到深坑的边沿，一个接一个地推到坑底，全部杀死了。

世上愚昧的人也是如此。接受佛法完整的规定，犯过失却不产生内疚，不能远离恶行悔过向善，反而这样认为："我已经违反了一项规定，既然对整个戒规不能都信守，再保持其他戒律还有什么意思呢？干脆违反一切规定，连一条戒律都不信守。"这就和那位愚人失一牛而杀死全部的牛，无一保留的做法一样。

【辨析】

人们常讲"好的开始是成功的一半""万事开头难"。其实无论是好的开始，还是坏的习惯，都是由小到大，由微不足道到势不可遏的。有了一次，往往就会有更多次，因此人们重视"第一次"。这不仅有开端的内涵，而且对人的心理也会发生强烈的影响，因为追求完美是人们的天性。当第一次没有办好时，心理承受能力差的人就会心情沮丧甚至会产生放弃的念头，在认识上也会出现以偏概全的偏差，以为第一步没走好，以后也就不易走好了。其实这种心理每一个人都会有，问题是不同的人会有不同的态度。理性现实的人，会认真总结第一步所提供的经验，认真地进行下一步的准备；心态积极乐观的人，会认为第一步已经为第二步提供了经验，会更加自信；而悲观消极的人，不仅会放弃，有的还会产生抱怨情绪。佛教在引导信徒修持戒律的时候，能够看到人的心理、生理特征，其循循善诱的方法，比空泛的教导更有说服力。

三十八、饮木筒[①]水喻

昔有一人，行来渴乏，见木筒中有清净流水，就[②]而饮之。饮水已足，即便举手，语木筒言："我已饮竟[③]，水莫复来。"虽作是语，水流如故。便瞋恚言："我已饮竟，语汝莫来，何以故来？"有人见之言："汝大愚痴，无有智慧。汝何以不去，语言莫来？"即为挽却[④]，牵余处[⑤]去。

世间之人，亦复如是。为生死渴爱[⑥]，饮五欲咸水[⑦]，既为五欲之所疲厌，如彼饮足，便作是言："汝色声香味，莫复更来，使我见也！"然此五欲，相续不断，既见之已，便复瞋恚，语："汝速灭。莫复更生，何以故来，使我见之。"时有智人，而语之言："汝欲得离者，当摄汝六情[⑧]，闭其心意，妄念不生，便得解脱。何必不见，欲使不生。如彼饮水愚人等无有异。

【注释】

①木筒：储存、接引清水的木制器皿。

②就：接近、靠近。

③饮竟：竟，完毕，终了。饮竟，喝完了。

④挽却：挽，拉；却，退。挽却，拉走。

⑤余处：别处。

⑥渴爱：佛教名词。指世人追求色、声、香、味、触五种欲望，如渴而见水。认为渴爱难满，如海吞流。它也是难脱烦恼的直接原因。

⑦五欲咸水：指有五种欲望的人们如渴饮咸水，越喝越渴，难以满足。

⑧摄汝六情：摄，收敛、制约；六情，又称六根，被认为是“心所依者”，即通过眼、耳、鼻、舌、身、意而产生的感觉以及思想意识。

【译文】

喝木筒中水的故事

从前，有一个人走路走得又渴又累，看见木筒中储存有接引来的清凉纯净的流水，就靠上去喝。喝足之后，就举手对木筒说：“我已经喝完了，水就不要再来了。”虽然他说了这话，可水依然流个不停。他就瞪着眼睛愤怒地说：“我已经喝完了，告诉你不要再来了，为何还要流个不停？”有个人听见了以后就对他说道：“你实在是太愚昧了，一点脑子都没有。你自己为什么不离开，却叫水不要再流了？”就把他拉走，带到别处去了。

世上有的人，也是如此。对人生的各种欲望，如渴饮咸水永难满足，在对各种欲望感到疲惫厌倦后，就好像那位喝足了水的人一样，说这样的话：“你们这些声、色、香、味等欲望，不要再来了，不要让我再遇见了！”但种种欲望，仍然不断地出现。

遇见以后，他就又瞪眼气恼地说:“让你们赶快消失，不要再产生，为何还要再出现让我遇见？”这时有位明智的人对他说道：“你想脱离各种欲望的困扰，就应当收敛和制约你的各种感官的诱惑，清心寡欲，不生各种贪婪的愿望，这样就能摆脱各种烦恼。又何必为了不遇见诱惑，而想使它们不产生？这就和不想喝水了却又不想见到水的愚人的想法没有什么区别。

【辨析】

客观事物是不以人的主观意志为转移的。我们熟悉的一句话：让高山低头，叫河水让路，喝令三山五岳让道，我们来了。它不无一种豪迈的英雄气概，表现了人们征服自然、改造自然，为人类造福的决心、意志和信念。但是我们考虑问题的时候，不能只顾及一面，而忽视了另一面。人们在征服自然的时候，首先要了解它、认识它，换言之就是要尊重和认识自然规律，使主观愿望同客观的实际效果相联系。在我们全面建设和谐社会的时代里，更应当具有热爱自然、保护生活环境和自然资源的意识，切莫主观盲动，贻害后代。

佛教对于“欲”的抵制，以及对人与社会本源、恶与善本源的认识，不无深刻之处。它认为:欲如流水，既是客观的、社会的，又是主观的，由人及主体产生，如口渴了就需要饮水。它反映了人，包括自然界中的人、社会中的人之间的相互关系，表明了人对于外界既不是完全被动的，也不是一种完全支配的关系。作为一个单独的人，对于客观来说，他是主体，社会存在决定了他的欲望需求。对于社会的人来说，他又是客体，他作为存在，对别人产生作用、影响。人受环境影响，又影响环境，也影响着和他有一定社会关系的人，因此具有不同意义关系上的主体、客体，主体与客体兼而有之的情况。这种关系是一个完整的统一体，有不应忽视的认识价值。

三十九、见他人涂舍喻

昔有一人，往至他舍，见他屋舍，墙壁涂治①，其地平正，清净甚好，便问之言："用何和涂②，得如是好？"主人答言："用稻谷䴬③水浸令熟，和泥涂壁，故得如是。"愚人即便而作念言："若纯以稻䴬，不如合稻而用作之，壁可白净，泥始平好。"便用稻谷和泥，用涂其壁，望得平正。返更高下④，壁都劈裂。虚弃⑤稻谷，都无利益。不如惠施⑥可得功德。

凡夫之人，亦复如是。闻圣人说法，修行诸善，舍此身已，可得生天⑦，及以解脱。便自杀身，望得生天及以解脱，徒自虚丧。空无所获，如彼愚人。

【注释】

①涂治：涂抹平整、光滑。

②和涂：搅拌后的涂料。

③䴬(yí)：《康熙字典·麦部》注：音颐，存考。稻秆碾成的碎料。

④高下：凹凸不一，高低不平。

⑤虚弃：白白浪费。

⑥惠施：惠，仁慈。惠施，仁慈地施舍。

⑦生天：指众生可往的高洁自在之地。

【译文】

见别人粉刷房屋的比喻故事

从前，有个人到别人家去，看见人家的房屋粉刷光洁，地面平整，十分整洁，就问道："你用的涂料是如何配制的，墙壁、地面做得如此漂亮？"主人回答："用稻秆碾碎后在水里浸透，和泥配在一起做涂料抹墙，就会得到这样的效果。"愚人听后，心里便想道："如果纯粹用稻谷秆，还不如用稻谷与泥配制搅拌，这样墙会更光洁，抹的泥更平整。"于是便用稻谷和泥，涂抹粉刷墙壁，希望平整，结果反而搞得高低不平，墙壁布满了裂缝。这样做白白浪费了稻谷，毫无益处。与其这样，还不如把稻谷仁慈地施舍给穷人，行善积德。

世俗的人，也是如此。听了品德高尚的人讲解人生哲理，要做有利他人的事，放弃个人的利益，就可以解脱，达到清净高洁的境界后，采用了轻生的做法，希望达到自在的境地，脱离烦恼，从而白白地丧失了自己的生命。此举只会一无所获，就与用稻谷和泥的愚人一样。

【辨析】

实践出真知。在实际的生活和工作中增长才干，这是辩证唯物主义的基本观点。实践也是检验事物是否正确的试金石。故事启示人们：如果不尊重被实践证明了的正确做法，往往会弄巧成拙。自以为聪明的盲目行动，在现实中往往碰壁，招致可悲的结果。但是如果我们仅仅把认识停留在这里，也会走入实证主义的泥坑。人的可贵之处，恰恰在于勇于探索，在实践活动中有所发现，有所创造，或者说即使是那些被实践证明是错误的认识和做法，也可以为人们留下可借鉴的宝贵经验。所谓第一个吃螃蟹的人是勇士，就是这个道理。在改革开放时期，没有现成的路可供行走，我们颂扬那些敢于实践、勇于摸索前行的精神，正如鲁迅先生所指出的："改革，是向来没有一帆风顺的，冷笑家的赞成，是在见了成功之后。"这是我们由这个故事所引起的一点思索。

比喻部分嘲笑了那些轻率的自杀者，在这一点上，佛道两家其实都是十分珍惜和爱护生命的。释迦牟尼和庄周都是年逾八秩才作古的长寿者，在两千多年前的社会条件下，能有如此高寿，其养生之道、惜身之法想必是十分有心得的。可以说，他们都用自身的实际，表明了他们对人生的热爱。简单地把佛老思想斥责为悲观厌世，在笔者看来，似有片面、偏颇之处。

四十、治秃喻

昔有一人，头上无毛，冬则大寒，夏则患热，兼为蚊虻之所唼食[①]，昼夜受恼，甚以为苦。有一医师，多诸方术。时彼秃人，往至其所，语其医言："唯愿大师，为我治之。"时彼医师，亦复头秃，即便脱帽示之，而语之言："我亦患之，以为痛苦。若令我治能得差[②]者，应先自治，以除其患。"

世间之人，亦复如是。为生老病死之所侵恼，欲求长生不死之处，闻有沙门婆罗门等世之良医[③]，善疗众患，便往其所而语之言："唯愿为我除此无常[④]生死之患，长处安乐，长存不变。"时婆罗门等，即便报言："我亦患此无常生老病死，种种求觅长存之处，终不能得。今我若能使汝得者，我亦应先自得，令汝亦得。"如彼患秃之人，徒自疲劳，不能得差。

【注释】

①虻之所唼食：虻（méng），昆虫，以吸食牲畜、人的血为生。唼（shà），水鸟、鱼吃食称为唼，本文指被蚊虻等叮咬。

②差（chài）：通"瘥"，指病愈。

③世之良医：本处指解决社会与人生问题的高明者。

④无常：佛教教义，指一切现象都是暂时的，流动不息、瞬息万变的，一切现实存在的事物都是要消亡的，无一永存。常说的有刹那无常、相续无常。有时也指众生无常、世界无常、诸念无常（思维概念都是瞬息万变的）。诸念无常就是世界。一切现象都处在生、住、异、灭的不断变化中，这从根本上否定了永恒存在的最高实体的地位，从而也就从根本上否定了婆罗门教的神学。

【译文】

治疗秃头的比喻故事

从前，有一个人头上没有毛发，冬天怕冷，夏天怕热，加上蚊虻叮咬，昼夜烦恼，十分痛苦。有一位医师，有许多好的治病方法。这个秃子就到医师那里，对医师说："期望您这位高明的医生，为我治好秃头的疾病。"但这位医师也是一个秃子，就脱帽给他看，并对他说："我也患有秃头的疾病，也为此而痛苦。如果我能够治愈这个疾病，就应当先治好自己的病，以解除痛苦。"

世上有的人，也是如此。由于会有衰老、疾病和死亡的烦恼，有的人就想寻求长生不死的方法。听说修行的婆罗门僧侣中有济世的良医，善于治疗各种人生的苦恼和忧患，有人就前往求医并说道："衷心地期望能为我解除变化无常无法掌握的人生死亡的忧患，使我能永远保持安宁，享有永恒的快乐。"这时婆罗门教的修行者就回答说："我也忧愁无法去掌握人生衰老、疾病和死亡的命运，想方设法寻求永恒的安乐之处，但始终不能得到。如

果我现在能够使你得到永恒，我应当自己先得到，再使你也得到永恒。”这正如秃头找无法治秃的医师一样，是不能治好疾病的。

【辨析】

自己身上的毛病难以发现，正如良医也难以治愈自身所患的疾病。所谓治人易，治己难，再高明的外科医生，也难以给自己的头、胸、腹处下刀。

应当指出：在佛教教义中的“无常”学说，蕴含着丰富的辩证法思想，但在理论的体系上依然是唯心主义的辩证法。因为在佛教的无常论中并没有“发展”这个概念。所谓生、住、异、灭的“住”，只不过意味着“存在”，而“异”也意味着“变化”，并不是“发展”。其无常教义的中心是“灭”，也就是说一切现存事物最终都要灭亡，从而得出一切皆苦、皆空的结论。它在反对婆罗门教关于灵魂不死的教义上，发挥了积极的作用。这也是其独到、精巧、深刻的地方。

四十一、毗舍阇[1]鬼喻

昔有二毗舍阇鬼，共有一箧、一杖、一屐[2]。二鬼共诤，各各欲得。二鬼纷纭，竟日不能使平。时有一人来见之已而问之言："此箧、杖、屐有何奇异？汝等共诤，瞋忿乃尔[3]？"二鬼答言："我此箧者，能出一切衣服、饮食、床褥、卧具，资生之物[4]，尽从中出；执此杖者，怨敌归服，无敢与诤；著此屐者，能令人飞行无罣碍[5]。"此人闻之，即语鬼言："汝等小远，我当为尔平等分之。"鬼闻其语，寻即远避。此人即时抱箧、捉杖，蹑屐[6]而飞。二鬼愕然，竟无所得。人语鬼言："尔等所诤，我已得去。今使尔等，更无所诤。"

毗舍阇者，喻于无众魔及以外道。布施如箧，人天五道资用之具[7]，皆从中出；禅定[8]如杖，消伏魔怨烦恼之贼；持戒如屐，必升人天[9]。诸魔外道诤箧者，喻于有漏[10]中，强求果报[11]，空无所得。若能修行善行及以布施、持戒、禅定，便得离苦，获得道果。

【注释】

①毗舍阇（shé）：鬼名，是饿鬼之王，亦称癫狂鬼、瞰精鬼。

②屐（jī）：木头鞋，泛指鞋。

③乃尔：如此程度。

④资生之物：生活用品。

⑤罣碍：罣（guà），同“挂”，妨碍。

⑥蹑（niè）屐：踩着木鞋。

⑦人天五道句：人天，人趣与天趣，即人间与天上；五道，亦称五趣，佛教名词，指转生的五种去向：地狱、饿鬼、畜生、人、天。全句指，可得鬼、人、神所需的各种生活用品。

⑧禅定：佛教名词。含义广泛，中国佛教常用此词，意指静虑沉思，见性顿悟。(参见前注)

⑨人天：此处指达到脱离“欲界”，进入超乎世俗食、淫二欲的十七种天中。佛教三界之一。

⑩有漏：佛教名词。不能最终脱离烦恼，有轮回受苦的各种见解和对社会、人生的认识。

⑪果报：又译为“异熟”，佛教名词。泛指依因而得的结果，但这种结果并非现实的，而是“隔世”或“变异”的。本处指进入澄净自在的境地。

【译文】

两个癫狂鬼相争的比喻故事

从前，有两个癫狂的饿鬼，共同拥有一个宝盒、一根手杖、一只木鞋。两个为此争吵，都想占有这些东西。两个鬼怪纠缠不清，从早到晚也找不到一个都能接受的办法。这时，有一个人来到这里看见他们的样子，就问他们：“这盒子、手杖、木鞋有什么奇妙的地方，使你们争吵不休，怒目愤然到如此程度？”两个鬼怪回答：“我们这个宝盒，能变出任何衣服、饮料、食物、床褥、卧具，凡是生活必需品，都可以从中变出来；拿这手杖，可以让一切仇敌都归顺服从，不敢有异议；穿这只木鞋，能使人飞行在天空没有任何妨碍。”那人听了这话，就对两个鬼怪说：“你们稍微走开一点，让我公平地为你们分配这些东西。”鬼怪听了这话，就走得远远的。这人立即抱起盒子，拿起手杖，穿上木鞋腾飞而去。两个鬼怪惊呆了，结果什么都没有了。那人飞走时对鬼怪说：“你们所争的，我拿走了，现在你们再也不用为这些东西争吵了。”

癫狂鬼可以用来比喻那些修行各种邪门外教的人。布施，即舍物利人就像宝盒，可以为鬼、人、神提供各种需要离恶向善；禅定即沉思化境就像克敌的法宝，可以使人降伏人世烦恼的心性；信守佛理就像穿上宝鞋，超脱世俗进入清澄境界。而各种邪门外教引导人们争夺世俗的各种享乐、需求，可比喻为那些不能摆脱引发人生烦恼的各种欲望，而又希望得到永远自在、美妙的未来的人，最终将一无所获。若能修守利他为人的行为，帮助他人，遵守各种条例规定，凝神静虑，深悟佛门义理，就能够脱离人生的苦恼，到达无上美好清净的境界。

【辨析】

可以看出，佛教在维护其教义，抵制和反对其他教派及其哲学思想时是不遗余力的，同时也是十分精细、严密的。在这个故事里，佛教借用印度古代的神话传说，巧妙地把鬼怪比喻为“外教”，将宝盒比作“布施”，用手杖比喻“禅定”，把木屐类比“持戒”，再将争吵引申为世俗“烦恼”，最后推出脱离苦海的佛教义理。其构思之巧妙使人叹服。比喻、借代、类比、引申各种表现手法交互运用，融叙事与理趣为一体，在论证上相互参照，用心良苦，由浅入深，丝丝入扣。这种手法，利于开启心智，发人深思，确有可借鉴之处。

四十二、估客驼死喻

譬如估客，游行商贾。会于路中，而驼卒死。驼上所载，多有珍宝、细软、上氎[①]种种杂物。驼既死已，即剥其皮。商主舍行[②]，坐二弟子而语之言：“好看驼皮，莫使湿烂。”其后天雨，二人顽嚚[③]，尽以好氎覆此皮上。氎尽烂坏。皮、氎之价，理自悬殊。以愚痴故，以氎覆皮。

世间之人，亦复如是。其不杀[④]者，喻于白氎；其驼皮者，即喻财货；天雨湿烂，喻于放逸[⑤]败坏善行。不杀戒者，即佛法身最上妙因[⑥]。然不能修，但以财货，造诸塔庙，供养众僧。舍根取末，不求其本。漂浪五道，莫能自出。是故行者[⑦]，应当精心持不杀戒。

【注释】

①上氎（dié）：上等的细棉布。

②舍行：东西留下先走。

③顽嚚（yín）：愚顽谓之嚚。顽嚚，顽皮愚昧。

④不杀：不杀生。佛教徒出家，必须受持的十戒之首。在家修行的佛教信众必须受持的五戒，即不杀生、不偷盗、不邪淫、不妄语、不饮酒。

⑤放逸：放纵自己。

⑥最上妙因：最美好的修行境界。妙因，菩萨之大行，指圆满的道果。

⑦行者：禅门术语，指方丈的侍者。修行佛教义理的人，也称行者。把留发修行的佛教徒，也称行者。

【译文】

商人的骆驼死了的比喻故事

有一位商人，到各地做买卖。途中骆驼突然死了。骆驼上装载了很多东西，有珍宝、丝织品、上好的棉织品以及各种杂物。骆驼既然已经死了，就剥下驼皮。商人留下货物先走了，让两个徒弟留下来并对他们说："看好驼皮，不要让它受潮腐烂。"后来天下雨了，这两个徒弟顽皮愚昧，把上好的棉织品都盖在驼皮上遮雨，结果棉织品全都腐烂了。死驼皮、棉织品的价钱相差悬殊。由于愚昧无知，反而以值钱的棉织物去盖低廉的驼皮。

世上有的人，也是如此。不杀生的善行好比雪白精美的棉织品，低廉的死驼皮好似钱财，阴雨引起的腐烂就像放纵自己的贪欲和败坏的人品。不杀生的戒条、规定，是佛教教义中最美好的修行境界，但是却不能信守，仅以财物来建造佛塔寺庙，并供奉和利养修行的僧人。这是舍去根本只求细枝末节的做法。只能在转生轮回的五种去向里游荡，不能进入超脱自在的境界。因此佛门的信众、修行者，应当精心地信守和维护不杀生的戒条。

【辨析】

舍重就轻，去本求末，在生活中不难看到这种反常现象。在两损相比中，择轻而就；鱼与熊掌不可兼得时，只能选择贵重的熊掌。抓主要矛盾、解决本质问题尽管说起来人人似乎都能理解，但做起来往往不如人意，“捡了芝麻，丢了西瓜”的事还是照样发生。其原因大致在于过分的贪欲和求全求完美的心理。这两点似乎反映了人们的天性，但生活和社会却难尽如人意。人有生老病死，月有阴晴圆缺，此事古难全。因此美好的愿望不能代替理性的判断和客观的态度。

佛教不杀生的戒律，缘于因果报应，认为杀彼者，彼杀之。如果我们在人类走向高度文明的今天，把这种认识转化为珍爱自然、保护动物，并无不可。在中国汉地佛教中，特别重视素食制度，但在原始佛教时期并无此戒。在小乘佛教流传的地区和国家也无此禁戒。许多僧人托钵四处乞食，并无挑食之说，随遇而就，不避肉食；在我国藏传佛教地区，也都食肉。大小乘戒律是不吃荤，这里的“荤”是指刺激性食物，如大蒜、大葱等。它主要是针对刺激性食物不利于静心定性的修行而制定的。但我们以为还是出于某种交际、礼貌上的考虑，一则信众在乞食中口味臭重，使人心里生厌；二则佛教徒布施行善，并非只指施财，常指点化人心，扬善斥恶，化解争斗，常常需要面对面的劝导，再加上讲经布法等，若口味强烈，十分不雅。正如今日的白领女性鲜有食大蒜、大葱而毫无顾忌的。另外，素食之法，对于长期从事脑力劳动的人来说，进入中老年以后，应视为养生之道。虽无须深究其理，然身体力行，长期坚持，大益于身心，是可信的。

四十三、磨大石喻

譬如有人，磨一大石。勤加功力，经历日月，作小戏牛[①]，用功既重，所期甚轻。

世间之人，亦复如是。磨大石者，喻于学问精勤劳苦；作小牛者，喻于名闻互相是非。夫为学者，研思精微，博通多识，宜应履行，远求胜果[②]。方求名誉，骄慢贡高[③]，增长过患[④]。

【注释】

①小戏牛：做一个精细小巧的工艺品小牛。

②胜果：佛果，指修证佛理达到圆满美妙的境界。

③贡高：自视高贵、清高。

④过患：过失、祸患。

【译文】

磨大石做小牛的比喻故事

有一个人，磨一块大石头。勤奋用功，经年累月不停，为的是把大石头磨成一个精细小巧的牛，花费的功夫很大，想得到的东西却极少。

世上有的人，也是如此。磨大石的人可以比喻为精研佛理勤奋刻苦的人，做小巧的牛可喻作为了名声互相指责。作为一个佛教学者不仅要精心研究，深入思考，使学问博大深厚，还应身体力行，修证并达到圆满美妙的最高境界。而那种想方设法追求名誉，傲慢无理自视高贵的态度，只能增加过失和祸患。

【辨析】

这个将大石磨成小牛的故事，使我们不难记起我国唐代流传至今的关于李白小时候的一个传说：一位在河边磨针的老婆婆启发他，只要功夫深，铁杵磨成针。它与这个佛经故事的喻义反其道而行之。事情虽然有相似之处，为什么结论会不相同呢？显然由于作者的出发点不同，即使是同样的事，结论却会大相径庭。在我国的古代寓言故事里，有一个大家熟悉的“愚公移山”的故事。其中的“智叟”可以代表本文的寓意；愚公的看法，可以认为接近“铁杵磨成针”的寓意。两者并无优劣之分，只有从不同角度认识事物的差别。

岁月沧桑而人生有限，让有限的人生去发挥它最大的作用，让它更丰富、更辉煌。这样就要惜时如金，珍惜生命。“天生我材必有用”，问题是怎样才能充分发挥人的才能，扬长避短，最大限度地奉献社会。这就需要努力地实践，发现自我，才能找到自己的最佳位置、最佳感受。很难设想让一个身矮体胖者终日苦练去当跳高冠军，让五音不全的人曲不离口，去成为歌唱家。我们反对不顾客观条件和实际的蛮干，提倡理性的分析判断，赞许在实践中的比较和选择。“三百六十行，行行出状元。”让每一个人发挥自己的优势和才能，才是对人真正意义上的理解和爱护。

四十四、欲食半饼喻

譬如有人，因其饥故，食七枚煎饼。食六枚半已，便得饱满。其人恚悔①，以手自打而作是言："我今饱足，由此半饼。然前六饼，唐自捐弃②。设知半饼能充足者，应先食之。"

世间之人，亦复如是。从本以来，常无有乐，然其痴倒③，横生乐想。如彼痴人，于半番饼，生于饱想。世人无知，以富贵为乐。夫富贵者，求时甚苦；既获得已，守护亦苦；后还失之，忧念复苦。于三时④中，都无有乐。犹如衣食，遮故名乐，于辛苦中横生乐想。诸佛⑤说言："三界无安⑥，皆是大苦，凡夫倒惑，横生乐想。"

【注释】

①恚（huì）悔：愤怒悔恨。

②捐弃：抛弃、浪费。

③痴倒：痴迷颠倒。

④三时：佛教名词。佛教认为佛陀灭度后，法有"三时"，即正、像、末。正法为准确无误的佛法，包括教说、修行、证悟；像法即相似佛法，但没有证悟；末法指佛法将灭，只有教说。其时限

大致有正法五百年、像法一千年、末法一万年以及正法一千年、像法一千年、末法一万年。这两说并存，故称三时。意指在今后千万年间。

⑤诸佛：诸佛家，指观音和大势至二位菩萨，亦指净土、胜境。观音、大势至分别为佛陀的左右胁侍，合称“西方三圣”。

⑥三界无安：佛教把世俗世界分为欲、色、无色三界。三界皆在迷中，在轮回中不能脱离苦海。

【译文】

只想吃半个饼的比喻故事

有一个人肚子饿了，一口气吃到了第七个煎饼。吃完了六个半之后，便很饱了。他气愤后悔，用手打着自己说：“我现在之所以吃饱了，就在于这半个饼。这前面的六个饼白白地浪费了。早知道这半个饼能吃饱，就应该先吃这半个饼。”

世上的人，也是如此。从其根本上认识，并无常有的欢乐可言，但由于痴迷颠倒，节外生枝般地想去得到快乐。这就像那个痴人，在半个饼上产生吃饱的想法一样。世俗之人没有智慧，以富贵为快乐。那富贵荣华，在追求之时让人很苦恼；一旦拥有想永远占有也很苦恼；身后还会失去，心中的忧虑会更加深苦恼。在以后千万年间，都不会快乐。好像衣服、食物，能遮体、饱腹，这种需要就叫作快乐，在劳动的艰辛生活中又节外生枝地认为享乐就是欢乐一样。佛教的圣人们说过：“在世俗的世界里，没有安乐可言，最终都要面对苦恼，世俗的人为利益而颠倒迷惑，节外生枝般地认为，拥有财富就快乐。”

【辨析】

只想收获，却不愿意播种；只想接受美好的未来，却不知从现在的每一天做起；只看到成功的喜悦，却不懂得成功背后的艰辛。看重结果，忽视过程，也许是人性的弱点。每一个人都应注意时常提醒自己，要想取得好的结果，必须具备完整的过程。这就好比在完整的结局里，包含着每一个组成部分。没有组成的部分，同样也不会有整体。

佛教对于富贵的认识，不乏精辟的见解，在物欲横流的金钱社会中，无论是从社会道德，还是从哲理思辨上都能独树一帜，自标风韵。

四十五、奴守门喻

譬如有人，将欲远行，敕其奴言："尔好守门，并看驴索。"其主行后，时邻里家有作乐者，此奴欲听，不能自安。寻以索系门，置于驴上，负至戏处，听其作乐。奴去之后，舍中财物，贼尽持去。大家①行还，问其奴言："财宝所在？"奴便答言："大家先付②门、驴及索，自是以外，非奴所知。"大家复言："留尔守门，正为财物，财物既失，用于门为？"

生死愚人，为爱奴仆，亦复如是。如来教诫③，常护根门④，莫著六尘⑤，守无明⑥驴看于爱索。而诸比丘不奉佛教，贪求利养，诈现清白，静处而坐，心意流驰，贪著五欲，为色声香味之所惑乱，无明覆心，爱索⑦缠缚。正念⑧、觉⑨、意⑩，道品⑪财宝，悉皆散失。

【注释】

①大家：主人。

②先付：原来吩咐。

③教诫：教导戒律，教义条例。

④根门：佛教认为眼、耳、鼻、舌、身、意是产生烦恼的"妄尘门户"，故称之根门。因而要"善关闭根门"，即杜绝外界与世

俗的影响。

⑤六尘:(参见前注) 指从六种方式,即眼、耳、鼻、舌、身、意引来的世俗之念。

⑥无明:佛教专有名词。泛指没有智慧,不懂佛理的认识。“无明”是佛教基本教义之“十二因缘”的组成部分,是对世俗社会“妄念”“妄心”,即一切认识起因的代称。在哲学原理上属于“唯心体系”,有辩证思维,往往反映出主观辩证法的特征。

⑦爱索:爱的绳索。渴爱、爱欲、爱,在佛教中同义。属“十二因缘”之一。指追求肉体享乐的欲望,在佛教中认为这是产生苦恼的本源,认为一切欲望不存在了,痛苦也不存在了。“解脱”的本身就是消灭欲望,这是佛教教义中最重要的一点。

⑧正念:佛教名词。佛教“八正道”之一。即端正意念,远离邪恶。所谓“心若驰散,即当摄来住于正念。”(《起信论》)

⑨觉:正觉,指佛陀的真正智慧。对一切佛理真正证悟透彻,因而亦称成佛为正觉。

⑩意:正意,指心正正邪。《无量寿经》有:“正心正意,斋戒清净。”

⑪道品:道法的类别,有三十七种。指修行到佛教最高境界的三十七种内容。(参见前注)

【译文】

用人看门的比喻故事

有一家的主人要出远门,告诫家里的用人说:“你要看好门户,并照料好驴及大绳索。”主人走后，一天邻居家中有人在演奏乐曲，用人想去听，坐立不安。于是他用大绳子将取下的门板绑好，放到驴背上，驮到演奏乐曲的地方，听奏乐。用人离开之后，主人家里的财物被小偷洗劫一空。主人远行回家后，责问用人：“财宝到哪里去了？”用人回答：“主人原先只吩咐我看好门、驴和大绳子，除了这些以外，我都不知道了。”主人又说：“留下你看门，正是为了这些财物。既然把财物都丢失了，要门又有什么用呢？”

在人生旅途的愚人，与为欲望吸引而失物的用人是一样的。佛祖的教义和戒律，是要时常保护好信众不受欲望的侵扰，不受世俗眼耳鼻舌身意的影响，防止心生妄念的人被欲望的绳索似牵驴一样驱使。然而一些信徒不能理解教义，只贪求利益和供养，看似清白，静坐思虑，实则心猿意马，贪恋于色声香味触各种欲望的迷惑和心性，使妄念充满内心，被爱欲的绳索纠缠捆绑。这样，远离邪恶的能力和真正的智慧、无邪的内心与修证的各种方法，这些精神的财富就会遗失殆尽。

【辨析】

只注重表面现象，但不考虑实际内容，只机械地理解某些语言、认识与思想，不深究其本质意义，在实际中往往意与愿违而失之千里。

在比喻的部分里，我们看到佛典对于信众内心真实感受的关注，其精细的程度给人们一种有益的启示：人心的确是一个复杂的组合，各种微妙的感受，细致的变化，就是自身有时都难以把握。今天科学的进步，能

够把人们以前不能认识、掌握的自然，把握在自己的手中。人能复制完全相同的文字、色彩，甚至于克隆技术在羊身上已取得了成功，然而即使能复制出外形完全相同的人（当然这仅仅是一种被许多人不能接受的假设），但我们却以为，人的心理、思想、情感是不能完全复制的。因为人是发展中的人，一个正常的人总是在不断地改变着自己，有所前进，有所增益。人心理的锻造，永无止境；人的思想也会永不沉寂，生命的终结之日，才是它真正的终结之时。

四十六、偷犛牛[1]喻

譬如一村，共偷犛牛而共食之。其失牛者逐迹至村，唤此村人，问其由状，而语之言：“尔在此村不？”偷者对曰：“我实无村。”又问：“尔村中有池，在此池边共食牛不？”答言：“无池。”又问：“池旁有树不？”对言：“无树。”又问：“偷牛之时在尔村东不？”对曰：“无东。”又问：“当尔偷牛非日中时耶？”对曰：“无中。”又问：“纵可无村，及以无树，何有天下无东无时？知尔妄语，都不可信，尔偷牛食不？”对言：“实食。”

破戒[2]之人，亦复如是。复藏罪过，不肯发露[3]，死入地狱。诸天善神[4]，以天眼观，不得复藏，如彼食牛，不得欺拒。

【注释】

①犛（lí）牛：牛的一种，毛长、腿短，有白、黑、棕等颜色，又称牦牛。

②破戒：破坏、违反了戒律。（参见前注）

③发露：坦白、悔过。

④诸天善神：佛教认为三界（欲界、色界、无色界）各有六天、

十八天、四天；另有日、月、韦驮天，各界天修行有道的都具有天眼通的道行，具有能洞察被人掩盖的事物真相等能力。

【译文】

偷食牛的比喻故事

有一个村子的人，共同偷了一头牛杀了并一起吃掉。丢牛的人顺着牛的脚印寻到了这个村子，叫住一个村民了解情况，并问他："牛在你们村不？"偷牛的村民回答："我们这里其实没有村子。"又问："你们村里有一个池塘，是在池边分吃牛肉的吗？"回答说："没有池塘。"又问："池旁有大树吧？"回答："没树。"又问道："偷牛时是在你村的东面吧？"回答："没有东。"又接着问："你们偷牛的时候不正是中午吗？"回答："没有中午。"又追问道："即使可以没有村，也可以没有树，但哪有天底下没有东边、没有时间的？从中可以知道你是在胡说，没一句可信的。你偷了牛并吃了，是不是？"回答说："确实是吃了。"

破坏了佛教戒条的人，也是如此。掩盖罪恶过失，不肯坦白、悔过，注定会进入地狱受煎熬。在天界中修行有道的都具有神通的天眼，任何罪过都隐瞒不住，就好比偷吃了牛，是掩盖不了的。

【辨析】

强词夺理，欲盖弥彰，这是人们形容那些极力掩盖事实真相，到头来反而把自己的丑恶暴露无遗的人。其实美与丑、真与假、善与恶的对立古已有之，到今天仍然如此。人们总是不断地在揭示丑而赞扬美、痛斥假而呼唤真、鞭挞恶而肯定善的社会生活和斗争中丰富自身的物质生活，充实精神内涵的。即使在某一个时期，某一件事情反面的东西占了上风，美、善、真的东西暂时被掩盖，但请记住，人心永远向着善，生活永远需要真，人类永远追求美。这是不可能发生变异的，世界只会变得更完美。

本篇谈到上天有眼，罪过难藏。在《老子》中亦有“天网恢恢，疏而不失”，范围显得更加开阔。佛教对于“天”的探究，同样是十分精细的。如人们熟悉的“天龙八部”就是诸天中佛教的所谓“保护神”。其关于“天”的理解，不同于其他宗教，一般宗教在对待“死”的问题上，归宿于升入天界，企望“不死的灵魂”。而佛教认为，天界仍在轮回之中，天人虽长寿，但天福享尽，最终还要回到地界。而离欲无我，即使在人间，也同样要修得离苦得乐，解脱烦恼。其克制自身、利己利他、自度度人的思想内容，对于生活在商品经济社会的人们，有不应抹杀的积极意义。

四十七、贫人作鸳鸯鸣喻

昔外国节，法庆[①]之日，一切妇女，尽持优钵罗华[②]，以为鬘饰[③]。有一贫人，其妇语言：“尔若能得优钵罗华，来用与我，为尔作妻。若不能得，我舍尔去。”其夫先来常善能作鸳鸯之鸣。即入王池，作鸳鸯鸣，偷优钵罗华。时守池者而作是问：“池中者谁？”而此贫人失口答言：“我是鸳鸯。”守者捉得，将诣王所。而于道中复更和声，作鸳鸯鸣。守池者言：“尔先不作，今作何益？”

世间愚人，亦复如是。终身残害，作众恶业[④]，不习心行[⑤]，使令调善。临命终时方言：“今我欲得修善。”狱卒将去付阎罗王[⑥]，虽欲修善，亦无所及已。如彼愚人，欲到王所，作鸳鸯鸣。

【注释】

①法庆：指法定的庆祝日子。

②优钵罗华：莲花。

③鬘（mán）饰：头发上的装饰品。

④恶业：佛教名词。违背佛理称之恶，身、口、意三者称为业。即在行为、语言、意识上违背佛理的事情。

⑤心行：佛教名词。善恶的发源称为心，意念称为行。心行，指心中念念不忘教义。

⑥阎罗王：古印度神话里治理冥府阴间的统治者。佛教借用，称为管理地狱之王，手下有十八判官，分司十八地狱，终年“决断善恶，更无休息”。(《一切经意义》卷五）参见任继愈主编《宗教词典》。中国民间广泛传说的阎王源出于此。

【译文】

模仿鸳鸯叫的比喻故事

从前，有个国家过节，在法定的欢庆日子里，所有妇女都用莲花作为发饰。有一个穷人，他妻子对他说：“你若能找来莲花给我用，我做你妻子。若不能，我就离开你。”她丈夫原来经常模仿鸳鸯的叫声。就潜入王宫的池塘，用鸳鸯的叫声做掩护，偷摘莲花。这时看守池塘的人听到动静问：“池中的是谁？”这个穷人脱口回答：“我是鸳鸯。”守池的人捉住他，将他押往国王的住处。在路上，他又一遍遍地模仿着鸳鸯的叫声。守池的人说：“你刚才不作鸳鸯叫，现在叫又有什么用呢？”

世上愚昧的人，也是如此。一生做了许多残害他人的事，做了不少违背佛理的勾当，不能提高内心修养水平，使之向善。在临死时才说：“现在我想修身行善。”在被地狱的无常鬼牵着面对阎王时，才想修积善行，已经来不及了。正如那个愚昧的人，在被押往国王住处的路上，再作鸳鸯叫声，已为时晚矣。

【辨析】

这个故事使我们自然地想到了“此地无银三百两”的传说，两者何其相似。它反映了弄巧成拙，以至于泄漏底牌的失误。而只一声“我是鸳鸯”，就道出了偷花人的身份。应当说，这只是在慌忙之中的“口误”，其而后在路上的“鸳鸯声声”，多少流露出一种无奈的懊丧。其偷花也是为生活所迫，不得已而为之。读后掩卷而思，多少有几分凄凉、几分感叹。

女性爱美，人皆有之。欢庆之日，大家随俗在头上装扮荷花并无过分，但穷人却是无奈。连妻子这一起码的愿望都无法满足，其生活的艰辛是可以想到的。与其落得个人走房空，还不如学鸳鸯之声去试取莲花。此下策实乃生活所迫。在穷人一花不得，即临家破之时，那王室的池塘却有许多开而又败的莲花。这又使我们想起一句耳熟的鲁迅先生的名言：“北京的煤油大王，哪会知道捡煤渣老婆子的辛酸，饥区的灾民大约总不去种兰花……”

在我们的生活中，日子一天天地好起来，在富裕了的时候，可不要忽视一个现实：我们的国家底子薄，地域辽阔，人口众多，还有许多人在努力地为摆脱贫困而奋斗。

四十八、野干[①]为折树枝所打喻

譬如野干，在于树下。风吹枝折，堕其脊上。即便闭目，不欲看树，舍弃而走，到于露地[②]。乃至日暮，亦不肯来。遥见风吹大树，枝柯[③]动摇上下，便言："唤我。"寻来[④]树下。

愚痴弟子，亦复如是。已得出家，得近师长，以小呵责，即便逃去。复于后时，遇恶知识，恼乱不已，方还所去。如是去来，是为愚惑。

【注释】

①野干：梵文译名，一种走兽。似狐体小，毛色青黄，如狗群行，夜叫之声似狼。

②露地：露天旷野之处。

③枝柯：树枝。

④寻来：就来。

【译文】

野干被断枝所砸的比喻故事

有一只野干在树下。一阵风把一个树枝吹断，落下来砸在它的

背上。它吓得闭上眼，不敢看树，飞快地逃离树下，到了露天的旷野中。一直待到黄昏，也不肯回到树下。远远看见一阵风吹动大树，枝叶上下摇动，就说："在召唤我呢。"就又回到树下。

愚蠢的佛家信徒，也是如此。已经出家修行，得到高僧点化，只因为很小的批评，就逃走了。过了不久，被愚昧、罪恶纠缠烦恼不断，才又回到高僧身边。像这样去了又来，是因为被愚昧所诱惑。

【辨析】

小兽被树枝打着，惊吓而逃，是天性使然。而遥看枝叶摇曳，又以为是"召唤"，那就是被"人化"了的自作多情。这一段寥寥数语，但比喻与拟人手法的灵活运用，使人读毕意趣盎然。

至于第二段中，借喻那些心性不定、意志不坚，只因难以接受高僧指点、斥责而去后又返的信徒，对人实有启发。一个人要想成就一点儿事业，不能缺少师友的指点，所谓"古之学者必有师"，老师的作用除了如韩愈所说的传道、授业、解惑外，在必要的时候给以批评也是十分重要的。人往往不爱听指责的话，但任何时候都应懂得这个道理，听不到批评的情况有两种：一是没有了朋友，二是已经被人们认为是不值得再去批评的时候。前者意味着孤独，后者则反映出可悲。

当然，我们并不苛求。迷途知返，终是件好事；悬崖勒马，回头就是新生。放下屠刀，立地成佛，仍不失为善。

四十九、小儿争分别毛喻

譬如昔日，有二小儿，入河遨戏，于此水底，得一把毛。一小儿言："此是仙须[①]。"一小儿言："此是罴[②]毛。"尔时河边有一仙人。此二小儿诤之不已，诣彼仙所，决其所疑。而彼仙人，寻即取米及胡麻子，口中含嚼，吐著掌中，语小儿言："我掌中者似孔雀屎。"而此仙人不答他问。人皆知之。

世间愚人，亦复如是。说法之时，戏论诸法，不答正理[③]。如彼仙人，不答所问，为一切人之所嗤笑。浮漫虚说，亦复如是。

【注释】

①仙须：仙人的胡须。

②罴（pí）：棕熊，也称马熊或通称人熊。

③不答正理：指不正面回答问题，讲述佛教教义。

【译文】

孩子为辨认毛争论的比喻故事

从前，有两个孩子在河中戏水，在水底得到一把毛。一个孩子说："这是仙人的胡须。"另一个孩子说："这是棕熊的毛。"河边正好住有一位仙人。这两个孩子争论不下，就共同来到仙人住的地方，请他解难断疑。这位仙人随手取来米和胡麻子，在嘴里嚼烂后，吐到手中，对孩子说："我手中的东西像孔雀屎。"这位仙人不回答孩子们的问题。其中的道理人们都明白。

世上的愚人，也是如此。在讲经解义时，轻率随意，不正面解答佛门义理。正好像这位修行的长者，不正面回答问题，为人们所嘲笑。那种浮夸漫无边际的虚假说教，也同样如此。

【辨析】

孩子们对感到新奇的事物打破砂锅璺到底的态度，使人回味，童年的稚趣是美好的。年长的修行者面对孩子们关于是他的胡须还是棕熊的长毛这些疑问时，对他来说解答是很容易的事，只要排除不是自己的长胡子就足以使孩子们的争议平息。显然这位修道者不屑于回答这种问题，那种答非所问、故作高深的做法，使人感到遗憾。当你面对天真的孩子们时，要真诚地对待他们，这是爱心的流露，是善的表达，也是每一位成年人应有的态度。

佛教对于讲经解义是精研有道的，对于在基本教义上闪烁其词、浮浅不庄重的宣讲是深恶痛绝的，并反对那种不着边际的信口开河。佛教义理细密精深是所有宗教中最有代表性的。在世界三大逻辑体系中，佛教的因明学以其博大细密令人叹服。

五十、医治脊偻[1]喻

譬如有人，卒患脊偻，请医疗之。医以酥涂[2]，上下著板[3]，用力痛压，不觉双目一时并出。

世间愚人，亦复如是，为修福故，治生估贩[4]，作诸非法[5]，其事虽成，利不补害，将来之世，入于地狱，喻双目出。

【注释】

①脊偻（lǚ）：驼背。

②酥涂：用酥油涂抹。

③著板：上下夹着木板。

④估贩：估价贩卖。治生估贩，养生畜买卖。

⑤非法：违反佛教教义的行为。

【译文】

治疗驼背的比喻故事

有一个人突然患病成了驼背，请医生治疗。医生用酥油涂在他身上，用木板上下夹住身体，不顾病人疼痛，使劲压，哪管患者的两眼都要迸出来了。

世上愚昧的人，也是如此。为了求得福利，养家畜贩卖，杀害生命，虽然谋得了福利，但得到的利益不能弥补害生的过失，在轮回的来世中会进入地狱，其所受的痛苦好比双眼要迸出一样，难以承受。

【辨析】

庸医杀人，此话不假；良医救命，方不过几钱。想来“患者”的驼背治好，那么命也就难保了。这使人想起“对症下药”的成语来。华佗治病，因人而异，辨证治疗，恩泽百姓。不同病症的区别对待，用今天的话就是具体情况的具体分析。良好的医德，是治病救人的基础，但只有善良的愿望是不够的，必须要具有高超的医术，二者实难偏废。

佛家对于杀生是有戒条的。中国佛教戒食肉食，儒家亦有君子远庖厨之说，这都表现出恻隐之心。但佛教在理论上的轮回和因果报应的说教，更加明确、系统。即便是在家修行，在不能也不便食素的情况下，也只吃“三净肉”（就是指没有亲眼看见动物临死的情景，没听见叫声，不是自己要吃才杀的）。在今天，爱护自然、保护动物本身就是一种善举，得到了越来越多的人的拥护。至于食素，对于许多老年人以及许多为发胖而忧虑的人来说，实为一种有益的养生之法。

五十一、五人买婢[1]共使作喻

譬如五人，共买一婢。其中一人，语此婢言：“与我浣衣[2]。”次有一人，复语浣衣。婢语次者，先与其浣。后者恚曰：“我共前人，同买于汝，云何独尔？”即鞭十下。如是五人，各打十下。

五阴[3]亦尔，烦恼因缘[4]，合成此身。而此五阴，恒以生、老、病、死，无量苦恼，榜笞[5]众生。

【注释】

①婢（bì）：婢女，被生活所迫，出卖劳力的女孩。

②浣（huàn）：洗。浣衣，洗衣。

③五阴：佛教名词。又译作五蕴，参见前注。所谓色、受、想、行、识五蕴，是佛教教义分析讨论的基础，也是各宗派确立其思想体系的依据。阴者，是积集、聚合之意。

④因缘：指事物形成以及各种现象的产生所依靠的条件。直接条件叫“因”，辅助条件叫“缘”，并称则为“因缘”。有时也称为“缘起”。参见前注。

⑤榜笞：榜，捶击、打；笞（chī），鞭打。杖击榜笞，捶击鞭打。

【译文】

五个人合买一个女奴的比喻故事

从前，有五个人共同买了一个女奴。其中一个人对女奴说："给我洗衣服。"另一个人也对女奴这样讲。女奴对他说："我先给第一个洗。"第二个人气愤地说："我与他共同买下你，为何只先给他洗？"就用鞭子抽了女奴十下。就这样，五个人每人都抽打了女奴十下。

色蕴、受蕴、想蕴、行蕴、识蕴也是如此，这五个方面一起构成了人生烦恼不断的原因、条件。这五方面总是不停地以生活中的衰老、疾病、死亡等无尽的痛苦和烦恼捶击和鞭打着所有人的生命。

【辨析】

从这则故事里，我们可以知道，在佛教产生的时期，印度社会还充满着奴隶社会的罪恶。贫穷的劳动妇女深受社会生活中男性、神权的压迫、统治，毫无自由可言。她们的社会地位是低贱的，生活也是十分悲惨的。人类社会就是在不断地战胜自然、克服自身的缺陷中从野蛮走向文明，从贫困走向富裕，从苦难走向幸福的。

佛教认为人生由于受外界与人性本身的局限，永远都在痛苦中挣扎，要摆脱苦难，就要脱离世俗的社会，去修证"空"的人生观。在人类社会的发展中，去探讨人生和解脱苦难的愿望，无疑表现着善。对于人类来说，不断地充实、发现自身的价值，在有苦痛的生活中，体味着人生的苦、辣、酸、甜也是一种乐趣。也许正是由于有着许许多多无法回避的苦难，才激发出人们摆脱受外界、自身众多因素制约，不断完善社会、完善人生的勇气和智慧。其实，体味着“苦”的现实、改造着现实的人生又何尝不是一种真正的快乐、幸福，或者说是一种自在的、清醒的、美妙的人生境界？

五十二、伎儿[①]作乐喻

譬如伎儿，王前作乐[②]，王许千钱。后从王索，王不与之。王语之言："汝向作乐，空乐我耳！我与汝钱，亦乐汝耳！"

世间果报，亦复如是。人中天上[③]，虽受少乐，亦无有实。无常败灭，不得久住，如彼空乐。

【注释】

①伎儿：伎，同技，指技艺。伎儿，指以歌舞为业的年轻演员。

②作乐：演奏。

③人中天上：佛教认为在欲中的人间和在天界，都并未超脱，有欲望、有情都会带来苦恼，其乐不过是与欲界上的地狱、饿鬼、畜生相对而言。只有进入涅槃境界，才能彻底消灭苦难。

【译文】

艺人演出的比喻故事

有一群从事演奏的艺人，在国王面前奏乐演唱，国王许诺，要给他们一千块钱。演出结束后，他们向国王索取时，国王不给。

国王说:“你们刚才演奏，只是让我听了高兴而已！我说给你们钱，也只是让你们听了高兴！”

世上的因果报应，也是如此。无论在欲界中的人间，还是在具有“有情”意识的天上，虽然能享受到有限时光的快乐，但终究会消失的。事物都在改变，终会化为乌有，不能永存，就好像音乐只不过是使人听了暂时快乐一下罢了。

【辨析】

印度是世界四大文明古国之一，有着十分悠久的文化传统。在佛教诞生的时期，印度的艺术就已经走过了漫长的历史岁月。早在吠陀时期就有了发达的音乐舞蹈，这可以从婆罗门教以及各学派保留下来的文献中得到证明。大约在公元前528年，三十五岁的悉达多在菩提树下参禅证悟了“最高的智慧”以后，随着佛教的发展、传播，印度古老的舞蹈、音乐也传入中国，唐代杨玉环表演的由李隆基改编的《霓裳羽衣曲》，就是由古老的丝绸之路传入我国的婆罗门舞曲。中印两国之间的历史文化交流源远流长。

佛教也是在伴着反对婆罗门教“神权”的历史进程中，与王权刹帝利的崛起一起发展的。印度也随之进入了封建王朝的统治时期，但也同样保留着奴隶社会的残痕。王权的强大，帝王们的骄奢淫逸、作威作福的神态，从本篇故事中也可略知一二。国王的不守信用，甚至诡辩，似乎可以被认为是顺理成章、天经地义的事；而艺人们的无奈、辛酸，以及被欺侮的心灵受不到统治者的安抚，都反映了其地位是低下的。王权、王法、王理和民权、民法、民理永远都是对立的，难以调和的。

五十三、师患脚付二弟子喻

譬如一师，有二弟子。其师患脚，遣二弟子，人当一脚，随时按摩。其二弟子，常相憎嫉，一弟子行，其一弟子，捉其所当按摩之脚，以石打折。彼既来已，忿其如是，复捉其人所按之脚，寻复打折。

佛法学徒，亦复如是。方等学者①，非斥小乘；小乘学者，复非方等。故使大圣法典②，二途③兼忘。

【注释】

①方等学者：那些修证大乘佛理的信徒。

②大圣法典：佛陀创立的基本教义。如四谛、八正道、十二因缘等。

③二途：指通过修持小乘和大乘佛教的两种途径。证得佛果，即阿罗汉果、涅槃境界的两个途径都不能由“诤”而得。

【译文】

师傅让两个徒弟护理病脚的比喻故事

有一位师傅，收了两个徒弟。师傅患了脚病，让两个徒弟每人负责一只脚，随时按摩。两个徒弟常常互相憎恶和嫉妒，一个徒弟离开，另外一个就捉住他负责按摩的脚，用石头打断。当离开的徒弟回来后，对此气愤不已，就捉住那另一个徒弟负责按摩的脚，也用石头打断了。

在佛教的信徒中，也有这样的。那些修证大乘佛教的信徒，非议斥责小乘佛教的信徒；小乘佛教的修持者又同样指责大乘佛教的信众。从而忘却了修证佛陀教理的两种途径。

【辨析】

佛教在产生后，几经演变，佛陀与亲传弟子所宣传的教义，被称为根本教义，如四谛、八正道、十二因缘、无常、无我等教义。由于佛陀生前在不同场合，对不同对象有不同的说法，其信徒的理解各有不同。佛灭后不久，佛教分裂为上座部、大众部两大派，教义上有区别。后者将前者贬称为“小乘”，自称“大乘”，我国汉地佛教以“大乘”佛教为主。两大派先后又分为许多部派，说法不一。今天，学者对于“大乘”“小乘”之说的沿用，并无贬义，只是便于分别研究，加以区分。在教义上两派的差别在于：对“法”的认识不同，小乘宗“有”，大乘宗“无”；对佛陀，前者认为是“实”身，后者认为是“化”身；在修持上，前者戒律严格，后者重“菩萨”行。在长期的发展中，形成了大小乘经、律、论经籍。

这则比喻故事反映了佛教发展中的历史演变和内

部的分歧。印度佛教传入中国后，经过与我国传统文化思想，特别是道家、儒家思想相融合，形成了中国佛教，并流传到邻国，在思想文化上至今都有着深远的影响。

五十四、蛇头尾共争在前喻

譬如有蛇，尾语头言：“我应在前。”头语尾言：“我恒在前，何以卒尔[1]？”头果在前，其尾缠树不能得去。放尾在前，即堕火坑，烧烂而死。

师徒弟子，亦复如是。言师耆老[2]，每恒在前，我诸年少，应为导首[3]。如是年少，不闲戒律[4]，多有所犯，因即相牵，入于地狱。

【注释】

①卒尔：突然如此。

②耆（qí）老：指年老或老人。

③导首：引导信众证悟修行佛教教义的人，或指高僧、住持。

④不闲戒律：不了解、熟悉佛教戒条。

【译文】

蛇的头尾争谁在前的比喻故事

有一条蛇，蛇尾对蛇头说：“我应该在前面。”蛇头对蛇尾说：“我一直在前面，为什么突然改变呢？”在要行走时，头果然在前，但蛇尾却缠在树上，不能走动。于是让蛇尾在前，结果蛇一下子就掉进火炕，被活活烧死了。

佛门的师傅和徒弟，也是如此。徒弟说，师傅年纪大了，以往总是他在主持着修行，我现在正值青年，应当由我引导信众。像这样的年轻弟子，不熟悉佛门戒条，会常常违反清规，并因此而牵连信徒堕入欲界的地狱中，难以解脱。

【辨析】

以蛇的头尾相争来喻事，构思独特。将不现实的事物，用拟人手法表现得饶有兴味，使人在淡淡的回味中体会作者的用意。本应在后的事，只因强出头而招致不测，这固然不好，但以蛇首尾不可更易来比喻佛门师徒之间不可逾越倒是让人不敢苟同。

佛教在发展中，由于千百年间众多信徒的阐发、补充，使义理经论蔚为大观，如果师不让徒、徒不胜师，恐怕难有今日之文化影响。尊师固然可敬，但自古以来“芳林新叶催陈叶，流水前波让后波”。如果当学生的永远只有在老师谢世之后才能出头，那么社会的进步就会受到影响。在我国长期的封建社会中，在社会生活各个方面，唯上、唯尊、唯师的传统都表现得非常明显，这对于保持社会秩序有一定作用，但压抑后学、阻碍进步的作用在封建社会的中晚期就十分突出。其实在中国古代，为师者未必为尊，未必为长。在《庄子 · 徐无鬼》中就讲述了一个黄帝拜童子为师的故事。这位神童给黄帝谈治天下的道理，黄帝就尊其为师，称为“天师”并叩首拜谢。因此以能者为师与尊老敬师并不矛盾，师生之间也是可以互相学习的。

五十五、愿为王剃须喻

昔者有王，有一亲信，于军阵中，殁命[①]救王，使得安全。王大欢喜，与其所愿。即便问言："汝何所求？恣[②]汝所欲。"臣便答言："王剃须时，愿听我剃。"王言："此事若适汝意，听汝所愿。"

如此愚人，世人所笑。半国之治[③]，大臣辅相[④]，悉皆可得，乃求贱业。

愚人亦尔。诸佛于无量劫，难行苦行，自致成佛。若得遇佛及值遗法[⑤]，人身难得。譬如盲龟值浮木孔[⑥]，此二难值[⑦]，今已遭遇。然其意劣[⑧]，奉持少戒，便以为足，不求涅槃胜妙法[⑨]也。无心进求，自行邪事，便以为足。

【注释】

①殁（mò）命：殁，死亡。殁命，舍命。

②恣（zì）：放纵，任凭。

③半国之治：将一半国土分出，意指治理一半国家。

④辅相：辅助朝政的宰相。

⑤遗法：讲授佛教义理。

⑥值浮木孔：正好碰上漂浮的大木头。

⑦二难值：瞎眼的龟、浮托的大木，二者正好遇上了。

⑧意劣：见识低贱。

⑨胜妙法：最美妙的佛法。

【译文】

甘愿为国王剃胡须的比喻故事

从前有一个国王，他有一个亲信。在作战中，亲信舍命救护了国王，使国王安然无恙。国王非常高兴，表示要满足他的愿望，就问他："你有什么要求？任凭你想要什么。"这个大臣便回答："国王剃胡子时，请让我来剃。"国王说道："如果这样适合你的心意，我满足你的意愿。"

像这样的愚人，受到世人的嘲笑。能治理一半国家，或者成为管理国家的重臣宰相，这些都可得到，却不要而只去做低贱的事。

愚蠢的人，也是如此。西方的圣人在漫长的岁月中，艰难刻苦地修证义理，从而达到了美妙自在清净的境界。人生的旅途中有幸地遇上了圣人讲授人生社会的真谛，这是难得的机缘。好比瞎眼的海龟爬上了可以浮起身体的大木，这两个本难以遇到的事，都相逢了。然而却由于见识低浅，以为只要能够信守戒律，就足够了，不求无上美妙自在的涅槃境界，不能修证更高的境界，而自我放任，就以为足够了。

【辨析】

佛门是讲究机遇的，所谓"因缘"就蕴含着"逢时"

的内涵。有人以为佛门清净、淡泊，当然也无须进取，这是一种偏见，其实连佛陀本人也被尊称为“勇猛精进者”而作“狮子吼”。因此，在弘法中是讲究不失进机、顺时而动的，其发奋进取的动力虽不可取，然而其努力的精神是令人钦佩、值得学习和仿效的。

如果说在故事中，评价救国王的亲信，舍半壁江山、朝廷重臣，而就“刮剃胡须”是“低贱”，我却以为这是这个亲信的清醒和高明之处。在封建社会，权力象征和包含着一切，如果因为昨天舍命保君，就认为今日可以分享江山，那才是天真的想法。那么不要一半江山而做个宰相，不也在一人之下、万众之上吗？要知道宰相是不好当的，中国统一王朝的第一个宰相、秦朝的李斯是“就五刑”而死的，且官场争斗，有几人能安生？这个亲信长期在国王身边，当然是耳闻目睹。他量力而行，服侍国王，不再受征战之苦，又能跟随左右，以其之功，而就之事，无人可比。所谓宰相的丫鬟七品官，国王的理发剃须师，如果在国王面前又能进言，其声势又何止是一个三品五品的乌纱帽所能够比拟的。因此在封建社会，一个国王的随从，不居功邀赏，从贱而弃贵，不仅头脑清醒，有自知之明，而且也是一种保存自身、免遭厄运的明智的选择。“伴君如伴虎”是至理名言，它是古今中外宦海沉浮、官场生涯最真实而生动的形象比喻，可以道出说不完的仕途悲欢离合。

五十六、索无物喻

昔有二人，道中共行，见有一人将胡麻车，在险路中不能得前。时将车者语彼二人："佐[①]我推车，出此险路。"二人答言："与我何物？"将车者言："无物与汝。"时此二人，即佐推车，至于平地。语将车人言："与我物来。"答言："无物。"又复语言："与我无物。"二人之中，其一人者含笑而言："彼不肯与，何足为愁！"其人答言："与我无物，必应有无物！"其一人言："无物者，二字共和，是为假名[②]。"

世俗凡夫，若无物者，便生无所有处，其二人言无物者，即是无相[③]、无愿[④]、无作[⑤]。

【注释】

①佐：辅佐、帮助。

②假名：借助的名称。佛教名词。名，指语言概念。

③无相：佛教专有名称。"相"指事物的外部形态。佛教认为，无论从空间还是从时间意义上看，一切事物都在聚合分离演化着，并无一个实在的形态。中国禅宗认为，能离于相，才能法体清净。《金刚经》提及了四种相，即无我相、无人相、无众生相、无寿者相。认为我只是一个虚幻的东西，永恒的"我"并不存在，它的存在

只是身体的感觉以及那在不断变幻着的心念。既然无我，当然也就无相、无物，只不过称呼为我、称呼为相罢了。

④无愿：既无我，也就无所谓“愿”了，只是把我的需要、感觉称为“愿”。

⑤无作：为佛教名词。指自然得体，无刻意而为、造作的想法、行为。

【译文】

要“无物”的比喻故事

从前，有两个人在路上一起行走，看见一个人拉着装载着胡麻的车子，在险要处无法前行。这时拉车的人对这两个人说：“帮我把车子推出这段险路。”两个人回答：“那你将给我们什么东西？”拉车的人说：“无物给你们。”这时两个人就帮他推车，一直到平坦的地方。然后就对拉车的人说：“给我无物。”两个人之中，有一个人含着笑讲：“你如果不肯给，也不要发愁！”另一位接着说：“给我无物，就必须有无物！”前者又说：“所谓无物，就是给两个字所赋予的语言概念罢了。”

世上平凡的人，如果能够不被事物的外部形态所迷惑，就能产生无欲自在的静虚意识。这两个人所讲的“无物”，就是要体悟无不变的事物、无永存的意愿，也无须刻意地做什么、想什么。

【辨析】

面对世人的疑惑、非难，佛家的态度、方法是耐心启发式的。见人有难去相助时，从心理上也需要对方的承认，也喜欢听到一些承诺。作为修行者，在他人相求并无意以物相谢时，仍能乐而为之，也算是难得。而两位助人者的对话，涉及佛门的智慧、机辩。执意的人，索要“无物”，即要没有的东西，这本身是一种偏执，但这里想让人们理解的，恰恰是偏执的可笑。佛家以为世界之物，我、你、他，生命的形态，本无所谓有，也无所谓无，只是某些因缘，即条件、机会的组合。这种组合在无限的时空中是微不足道的，也是短暂的，不定的、变化的。执意于变，执意于无，也就显得可笑。至于事物，并无恒定，为了人们的感觉、需要，把它们称作东西、相，即形态，最终不过是梦幻空花。因此只有做到无我、无物，才能够无欲、无为，从而超凡脱俗，进入澄明、自在的“空”境。

五十七、蹋[1]长者口喻

昔有大富长者，左右之人，欲取其意[2]，皆尽恭敬。长者唾时，左右侍人以脚蹋却。有一人愚者，不及得蹋而作是言："若唾地者，诸人蹋却；欲唾之时，我当先蹋。"于是长者正欲咳唾，时此愚人即便举脚，蹋长者口，破唇折齿。长者语愚人言："当何以故蹋我唇口？"愚人答言："若长者唾出口落地，左右谄者已得蹋去。我虽欲蹋，每常不及。以是之故，唾欲出口，举脚先蹋，望得汝意。"

凡物须时，时未及到，强设功力，反得苦恼。以是之故，世人当知"时"与"非时"。

【注释】

①蹋：本文指用脚擦去。对老人特指踩去。

②意：满意，本句指想讨好富人。

【译文】

用脚踩擦老人嘴的比喻故事

从前有一位十分富有的老人，身边的人想讨得他的满意、欢心，都对他毕恭毕敬。老人一吐痰，旁边服侍的人就用脚擦掉。有一个愚蠢的人，总是来不及去用脚擦掉，就自言自语地说："如吐到地上，别人就会先擦去；要在他想吐的时候，我应当先用脚踩擦。"于是在老人正要咳痰时，这个愚人就抬起脚，向老人的嘴踩去，结果踩得老人唇也破了，牙齿也断了。老人对愚人说："你为何踩我的嘴？"愚人回答说："如果您把痰唾到地上，旁边献媚的人就抢先用脚擦了。我虽然想去踩擦，但每次都来不及。所以在您将要吐痰的时候，用脚先去踩擦，希望能得到您的欢心、满意。"

任何事物都有一定的机缘，机缘不到时勉强用功出力，反而会带来苦恼。正是这个缘故，人们应当懂得"是时候了"与"不是时候"的区别。

【辨析】

曲意逢迎、拍马屁献媚者，古今中外不乏精于此道者。深究起来，这也是人性弱点的表现：人人都喜欢别人尊重自己，都愿意听到顺耳的话，在专制社会更是如此。有献媚者，必有被献媚的人，两者形影相随。其根本在于献媚于人有利可图，而被巴结的人本身就喜欢这一套，或者本人就精于此道。这样一拍即合，臭味相投。若杀伐予夺，大权在握，则"上有所好，下必兴焉"。溜须巴结的人多了，干实事的人必然会减少。在社会发展时，要人心向上，重实绩轻浮夸。而一个人、一个部门，甚至于一个社会在自得自满、居功自傲的时候，喜媚、献媚也就应运而生，灾祸也随之潜伏着，并会不失时机地表现出来。

总之，面对短暂的人生，一个人应当把精力放在踏实工作和认真劳动上。也许由于条件的不具备，或受自身能力的限制，并不能成就什么事业，但人们只要踏踏实实地生活，使平凡的一生呈现着真与善，也会反映出朴实的美来。其实自然、恬淡的生活比纷扰的角逐更能使人体味出人与自然、人与人之间的那种淡淡的、有时是几乎觉察不到的温馨、和谐，这也是历史上许多先哲圣贤求之若渴的境遇。如果把逢迎权贵的心态变为自尊自爱的人格，你会觉得人生更美好，世界更光明。

五十八、二子分财喻

昔摩罗国[①]，有一刹利[②]，得病极重，必知定死。诫敕二子："我死之后，善分财物。"二子随教，于其死后，分作二分。兄言弟分不平。尔时有一愚老人言："教汝分物，使得平等。现所有物破作二分。"云何破之？所谓衣裳中割作二分；盘瓶亦复中破作二分；所有瓮缸，亦破作二分；钱亦破作二分。如是一切所有财物，尽皆破之，而作二分。如是分物，人所嗤笑。

如诸外道，偏修分别论[③]。论门[④]有四种：有决定答论门，譬如人一切有皆死，此是决定答论门；死者必有生，是应分别答，爱尽者无生，有爱必有生，是名分别答论门；有问人为最胜不？应反问言：汝问三恶道[⑤]，为问诸天？若问三恶道，人实为最胜，若问于诸天，人必为不如，如是等义，名反问答论门；若问十四难[⑥]，若问世界及众生有边无边，有终始无终始，如是等义，名置答论门。

诸外道愚痴自以为智慧，破于四种论作一分别论。喻如愚人分钱财，破钱为两段。

【注释】

①摩罗国：南天竺国名。

②刹利：古代印度社会四种姓的第二种姓，仅次于掌握神权、文化的王权统治者，全称刹帝利。主管政治、军事，担任各级官吏。

③分别论：小乘佛教论藏七部论之一，文辞优美。大乘佛教对此有半是半非、似是而非的异议。其文指其他教派似是而非的论证方法。

④论门：论证的方法。

⑤三恶道：佛教名词。按轮回的教义，众生依据人生所造罪恶被发往的三个恶道，即地狱道，有上品十恶业者的处所；饿鬼道，有中品十恶业者的处所；畜生道，有下品十恶业者的处所。

⑥十四难：外道十四难，指古印度其他宗教向佛陀提的十四个问题。佛教认为无此事实、无此理，因而拒绝回答。分别为：

a. 世界与我是常存的吗？

b. 世界与我是无常的吗？

c. 世界与我既是常存也是无常的吗？

d. 世界与我既不是常存也不是无常的吗？

e. 世界和我是有边的吗？

f. 世界和我是无边的吗？

g. 世界和我既是有边也是无边的吗？

h. 世界和我既不是有边也不是无边的吗？

i. 死后有神灵吗？

j. 死后无神灵吗？

k. 死后既有神灵也无神灵吗？

l. 死后既不是有神灵也不是无神灵吗？

m. 后世是人身还是神灵？

n. 身体既不是人身，神灵也不是神灵，这样说对吗？

【译文】

两个儿子分家产的比喻故事

从前，在南印度的摩罗国，有一个政府官员病得很严重，知道自己必定要死了。他告诫自己的两个儿子："我死之后，要妥善地分好财产。"两个儿子遵照他的遗训，在他死后把财产分成两份。哥哥认为弟弟分得不公平。这时有个愚蠢的老人说："教你们平分财物，使它公平合理，即现在把所有东西都破开分成两份。"如何破开呢？就是把衣裳从中间割成两半；腌食物的瓶子从中间破开两半；所有的水瓮、瓦缸，都从中间破开分成两半；钱也从中破开分成两半。诸如此类的一切所有财物，都从中间破开，分成两半。像这样来分财物，受到人们的嘲笑。

这就好像其他的宗教与哲学学派，偏颇地认识论证中的分别论证。分别论证有四种方式：一是决定答方式，譬如所有的人都会死，这是肯定回答的方式。二是死去的最终还是会转变为新的生存形式，这是分别答，即不同情况不同回答的方法。如爱欲除尽的人，就不再往生欲界，而欲望不灭的人必然还会往生欲界，这就是不同情况的不同回答，即分别答方式。三是若有人问："生往人世是最美好的吗？"应当反问他："你问的是处于地狱、饿鬼、畜生三道中，还是问处在有情的天上境界中呢？如果和处在三道之中相比，那成为人实在是美好的；若与处于天界中的有‘想’有‘情’者相比，那当然是不可比拟的。”这样的方式就是反问答方式。四是如果有人问一些没有理由、事实的诘难，诸如“世界和生灵是有限的还是无限的，有开始和结束还是没有开始和结束”此类的问题，只能搁置起来，这种方式就叫作置答，即不做回答的方式。

佛教以外的各种教派被愚昧和痴迷诱惑，自以为聪明智慧，破坏了四种论证方法，用一种分别论证来代替。这就好像愚人分财产，把钱物从中破开的道理一样。

【辨析】

论辩是一切思想得以传播、发展以至于成熟的基本方法，宗教与哲学都必须借助于它。作为用语言去照亮人们心灵的思想家，不能不对此“情有独钟”，佛教当然也不例外。佛学主要包括经、律、论三部分经典。经，是以佛陀口吻传教的教义；律，是对修行佛教的四众弟子分别规定的纪律或必须在修持中恪守的条例；论，在理论上阐发、解释、论证的著述，又分释经、宗经，前者阐释佛陀的论述，后者是阐发佛门中各宗各派学说的论述。论，集中表述了佛教对人生、社会、宇宙的基本看法，是印度哲学乃至东方哲学的宝贵遗产，不乏辩证思维，对开启心智不无益处。

五十九、观作瓶喻

譬如二人，至陶师所[①]，观其蹋轮而作瓦瓶，看无厌足。一人舍去，往至大会[②]，极得美膳，又获珍宝。一人观瓶而作是言："待我看讫[③]。"如是渐冉[④]，乃至日没，观瓶不已，失于衣食。愚人亦尔，修理家务，不觉非常[⑤]。

今日营此事，明日造彼业[⑥]。
诸佛大龙出，雷音遍世间。
法雨无障碍，缘事故不闻。
不知死卒至，失此诸佛会[⑦]。
不得法珍宝，常处恶道穷。
背弃放正法，彼观缘事瓶。
终常无竟已，是故失法利。
永无解脱时。

【注释】

①陶师所：陶工制作陶器的作坊。

②大会：此处指传播、宣讲佛教义理的法会。

③看讫（qì）：看完，看到完毕。

④渐冉：逐渐慢慢地。

⑤非常：无不正常，指一切如往日一样。

⑥业：源出印度古奥义书，各派哲学、宗教均沿用。佛教解释为造作。即通过人的身、口、意，造就做出各种行为、意识，从而连绵不断，遍尝人生的苦乐之果。业由惑，即烦恼而生，形成不同的意识、行为，带来各种不同的结果，即“业报”。大、小乘佛教对此的解释各有不同，大乘佛教更注重惑、业、果过程中的动机。

⑦佛会：佛、菩萨聚会的场所，即进入自在光明的净土。指观赏制作瓦器而失去了“一念之间入佛会”的大好机缘。

【译文】

观看陶工制作陶器的比喻故事

有两个人，来到制作陶器的作坊观看陶工踏转轮制作瓦器。两人看得兴趣十足，不忍离去。其中一人克制着自己的欲望，去参加讲经解义的佛教活动，吃了精美的斋饭，得到了最珍贵的法宝。留下观看制作瓦瓶的那人说：“还是让我看完。”就这样时光逐渐慢慢地流逝了，直到夜晚降临。由于观看制作瓦瓶不能自已，所以只能挨饿受苦。

愚昧的人，也是这样，终日操劳于家庭事务，日复一日，不知道怎样摆脱苦恼。

今天的所作所为，
明日苦乐的根源。
传播佛理的宏论，

如雷声遍布人间。
真谛雨露润心田，
君却因事失却缘。
人生短暂何匆匆，
身往净土岂等闲。
未有智看人间事，
地狱恶道总相随。
放弃聆听戒定慧，
贪看工匠作瓦瓶。
终身如常不自持，
心灵法宝永失去。
人生若行如此事，
永无解脱苦难时。

【辨析】

佛门讲六根未净，首推眼之所见，因见生想、想成意、意变欲，永无满足，所谓眼观之成色，耳听之成声。有的人可以做到“非吾之所有，虽一毫而莫取”，有的人却采用不归我所有则想方设法而取之的方式，甚至不择手段，不达目的决不罢休。在某些人所推崇的人生哲学中，有一个似乎是顺理成章的信条：只要目的是高尚的，那么为了目的可以不择手段。我们却认为，如果目的是高尚的，就不会有不可告人的手段行为。在一个还并不完美，有着罪恶的世界中，不可能总是一片光明的。

在一定的历史条件下,人们也许会为了所谓正确的目的,做一些不得已的事。这是可以理解的,但应当永远记住,这毕竟不是完美、理想的。我们不必为今天的所作所为开脱,承认我们的不足比掩饰自身的缺陷要真诚一些。人总是会向着真、为着善、追寻美而不懈地努力。

六十、见水底金影喻

昔有痴人，往大池所[①]，见水底影有真金像[②]，谓呼有金，即入水中挠泥求觅，疲极不得，还出复坐。须臾水清，又现金色，复更入里，挠泥更求觅，亦复不得。其如是父觅子，得来见子，而问子言："汝何所作？疲困如是？"子白父言："水底有真金，我时投水，欲挠泥取，疲极不得。"父看水底真金之影，而知此金在于树上。所以知之，影现水底。其父言曰："必飞鸟衔金著于树上。"即随父语，上树求得。

凡夫愚痴人，
无智亦如是。
于无我阴中[③]，
横生有我想[④]。
如彼见金影，
勤苦而求觅。
徒劳无所得。

【注释】

①大池所：一片大池塘的旁边。

②真金像：纯黄金的影像。

③无我阴中：佛教认为，事物都是变化的，如流动之水，瞬息万变，“我”只是“五阴”，即“五蕴”中色蕴、受蕴、想蕴、行蕴、识蕴的暂时“聚合”，而终将离散。“我”不过是一种称谓，只是短暂的集合体。

④有我想：认为自身是不变、永存的整体。

【译文】

看见水中有金子的比喻故事

从前，有个执拗的人来到一片大池塘的旁边，看见水底有纯金的影子，就呼喊有金子，立即潜入水中，抓搅淤泥寻找金子，搞得疲惫不堪，便上岸坐下休息。过了一会儿，水又清澈见底，再次出现了金子的影像。他再一次潜入水底，搅动抓捞淤泥寻找，仍然找不到。如此反复多次，他的父亲出来找他，见到后就问他说：“你在干什么？疲惫成这样子？”儿子告诉父亲：“水底下有金子，我多次下水，想从水底的淤泥里找到它，累得不行了。”父亲看到水底下纯正黄金的影子，知道金子是在岸边的树上。这是树上金子的影子倒映在水底的缘故。父亲对他说：“一定是飞鸟衔来的金子，放置在树干上的。”儿子按照父亲说的，爬上树找到了金子。

世上愚夫贪婪人，
心中无智与此同。
变幻聚合本无我，
欲念滋生求自身。

如见金影映水中，
辛勤困苦去追寻。
水中徒自捞金影，
空自劳身无所得。

【辨析】

这则比喻，很容易使人联想起“猴子捞月亮”的故事。月亮和金子一样，它的影子倒映在水中，本体是质，影子是形。佛教认为人，即主体并非本质，也如影一般。所谓的我或本体，只是一定时空意义的组合，因“五蕴”“因缘”而生。生是众多因素的合成，身是众多机缘的聚合，即有合之时，必有分之日，一切“无常”。此时此刻的身，并不等于彼时彼刻的“我”，不过是称为我罢了。这样就要破除关于“自我”的偏见，追寻无我的清纯境界。如人所共知，在现实社会中人们往往把追求“我”的人生目标和价值体现作为自身发展的动力，但也容易忽视“我”的奉献精神和服务思想。其实真正的创造者恰恰是具有“大我”，即为社会为大众服务思想的人。在工作中，能够进入“忘我”境界，全身心投入的人往往是有成就的人。从这个意义上讲，我们呼唤生活中多一些奉献者，少一些贪婪的人；多一些有“无我”精神的人，少一些只顾自身享乐的人。

六十一、梵天弟子造物因喻

婆罗门众皆言："大梵天王[①]是世间父，能造万物，造万物主者。"有弟子言："我亦能造万物。"实是愚痴，自谓有智。语梵天言："我欲造万物。"梵天王语言："莫作此意，汝不能造。"不用天语，便欲造物。梵天见其弟子所造之物，即语之言："汝作头太大，作项极小；作手太大，作臂极小；作脚极小，作踵[②]极大。"

作如似毗舍阇鬼[③]，以此义当知，各各自业所造，非梵天能造。诸佛说法，不著二边[④]，亦不著断，亦不著常，如似八正道[⑤]说法。诸外道见是断见，常事已便生执著。欺诳世间，作法形像，所说实是非法。

【注释】

①大梵天王：梵天，亦称大梵天。它是婆罗门教、印度教的创造之神，由"梵书"中梵的概念，即寂静、离欲衍化而成。梵天被认为是万物的造物主。佛教产生后，吸收为护法神，又为色界初禅天之王，称"大梵天王"。其称号很多，最常见的是"原人"。

②踵（zhǒng）：脚后跟。

③毗舍阇鬼：癫鬼，癫狂鬼，又名饿鬼中的胜者、饿鬼王。（参

见前注)

④不著二边：边，端，不执着于两个极端。

⑤八正道：佛教教义。指到达佛教最高境界寂静涅槃的方法和途径，也是到达所谓超越生死轮回、超越有无、不可思议、不死的绝对寂静境界的修行实践。这种方法和途径共有八种，合称为“八正道”，分别是：正见，即端正信仰，始终不脱离四谛；正志，又称正思维，即根据四谛（苦谛，一切皆苦；集谛，对苦因的分析；灭谛，彻底消灭欲望、烦恼；道谛，修习实践与方法）对一切现象的分析思考；正语，即远离妄语、绮语、恶口、两舌等罪过；正业，远离杀生、盗窃、邪淫等恶行；正命，正当的生活，不追求过分的生活享受；正方便，又称正精进，即勤勉努力，止恶行善；正念，端正意念，远离邪念；正定，排除杂念，专心禅定。八正道中最重要的是正见，其余的七道皆须从正见出发，进行精进不懈的修行。

八正道也被称为“苦乐俱遣，出于苦乐之外”的非苦非乐的“中道”。（参见《增壹阿含经》卷十，见《大正大藏经》2页、593页。）

【译文】

梵天弟子创造万物的比喻故事

婆罗门教的信徒都说：“大梵天王是世界的万物之父，能创造万物，是万物的主宰者。”有一个弟子说：“我也能创造万物。”实在是愚昧无知，还自以为聪明。他对梵天说：“我想创造万物。”梵天王说：“不要这样想，你不能做这件事。”他不听梵天的话，就开始创造万物。梵天看了他弟子所创造的事物，就说：“你作的人物头太大，脖子太小；作的手太大，胳膊太小；作的脚太小，作的脚后跟太大。”

梵天弟子所制作的人物，像饿鬼王一样，从这件事就可以知道，各种事物都有自己的形成的原因，不是梵天所能创造的。诸佛讲经解义，不执意于事物的两个极端，也不执意坚持事物的间断性和永恒性。就好像讲授八正道的方法时一样。佛教以外的教派，判断事物是孤立的，见到静止的事物就认为是永恒的，并以此欺人诳世，对事物形态的认识，所讲授的实在是错误的认识。

【辨析】

佛教对于世间事物的认识和判断，不乏独到之处，其见解不仅有严密的逻辑推理，而且包含着深刻的辩证思想。如果说它是一棵只开花不结果的树，那么这朵思维之花至少包含着人类美好的心灵、智慧。佛教认为宇宙万物都依靠各种各样的因缘才能聚合，缘散则聚合也散，因为主，缘为次。如一朵花，因就是花种，它的基因决定了花的形状、大小、色彩、香味。但只有因还是不够的，由种子变成花朵，必须依赖众缘，而土壤、温度、水分、阳光等条件即缘。所以，“中论”中就有一切现象并不是由自身产生，也不由一个因素而形成，或者与另一因素共生，更不会没有原因而突发的认识。这样，事物就不会是孤立的、绝对的、永恒的，由此认为一切事物的自性是空幻的、不实的。尽管结论是唯心的，但认为事物是相互联系、不断变化的理论，仍有认识价值，对于开启心智颇有意义。

六十二、病人食雉肉喻

昔有一人，病患委笃[1]，良医占之，云须恒食一种雉[2]肉，可得愈病。而此病者，市得一雉，食之已尽，更不复食。医于后时见便问之："汝病愈未？"病者答言："医先教我恒食雉肉，是故今者食一雉已尽，更不敢食。"医复语言："若前雉已尽，何不更食？汝今云何止食一雉，望得愈病？"

一切外道，亦复如是。闻佛菩萨无上良医说言："当解心识[3]。"外道等执于常见[4]，便谓过去、现在、未来唯是一识[5]，无有迁谢[6]。犹食一雉，是故不能疗其愚惑烦恼之病。大智诸佛，教诸外道，除其常见。一切诸法，念念生灭。何有一识，常恒不变？如彼世医，教更食雉而得病愈。佛亦如是，教诸众生，令得解诸法，坏故不常，续故不断，即得灭除常见之病。

【注释】

①委笃（dǔ）：笃，沉重。委笃，病得很严重。

②雉（zhì）：野鸡，亦称山鸡。

③心识：小乘佛教认为心与意、识，概念相同（参见《俱舍论》卷四）；大乘佛教认为有一识与无量的差别。（见《成唯识论》）

④常见：永恒长存的见解。

⑤一识：小乘成实宗认为众生只有一识，依于六根，缘于六境，从而对外界的认识是不变、真实、永恒的。

⑥迁谢：变迁衰落，或由衰至盛的变化。

【译文】

病人吃野鸡肉的比喻故事

从前，有个人病得很严重。一位高明的医生为他诊断后，说坚持吃一种野鸡肉就可以痊愈。这个病人在市场买到一只野鸡，吃完后就不再吃了。不久医生见到他便问："你的病好了没有？"病人答道："你原先叫我坚持吃野鸡肉，所以我吃完一只后，就不敢再吃了。"医生又说："既然前一只已吃完，为何不再吃呢？你现在只吃了一只野鸡，怎么能指望病愈呢？"

所有佛门之外的修行者，也是如此。听到佛陀、高僧医治人心的教导："应当了解人的意识。"其他教派固执地认为事物是真实、永恒的，就以为过去、现在、未来的世界是永存的，没有变化和兴衰。这就和病人只吃一只野鸡不能治病的道理一样，不能使自身脱离愚昧、疑惑和烦恼。掌握了世间智慧的佛家圣者，告诫其他教派，要破除永恒不变的认识。各种对世界的认识，都在人们的探究中生成、幻灭。哪有一种认识永恒不变？就像那位高明的医生，告诫病人要坚持吃野鸡肉才能治好病一样。佛陀也是如此，教导人们必须理解自然和社会，一切事物总是变化、必然灭亡的，生死盛衰连绵不断，这样才能破除追寻永恒的错误。

【辨析】

佛教作为一种社会意识形态，在考察社会现象时，首先从观察分析人生现实出发，并努力地揭示人生和整个世界的本质。在这个过程中，形成了它庞大的思想体系。

客观地看，佛教对于人生的观察是细致的，对于种种社会现象并不回避，因此可以说佛教徒尽量摆脱世俗的羁绊，并不是没有生活、没有社会的人生实践。恰恰相反，无论是佛陀本人，还是众多的皈依佛教的信众都是从世俗中脱胎而来的。出家这种选择对于佛陀本人，当然是出于自愿、出于理性的思维而非一时的冲动；以后的信众中或有无奈的选择者，但更多的人还是出于理性的判断和选择。它反映了意识作为精神力量对于人生的重大作用，反映了人类在精神追求上的一种可贵的品质。这是一种推动人类不断自我完善的力量，即奉献精神。宗教的献身精神对于世俗社会所产生的作用是难以估量的。

佛教的缘起论认为，人生和一切事物都是由因而生，因缘而合，不断变化，不断流动，从而一切无常。父母终将离去，权力金钱更是如幻如烟，今日之达官显贵、亿万富翁，因缘散尽时可能会是阶下死囚、陋巷之丐。一切“无常”，一切“无我”。从认识上考察，一切宗教都表现出对人类“终极关怀”的极大热情，去追求“灵魂的不死”，其最高理想也总是在“天国”中徘徊。佛教对于意识的要求是“大智”“大解脱”“大悟”，被称为“般若”，这应该是佛教在认识上高于其他宗教之处。它把人“不死”的希望并不寄托或全部寄托到未来的“天界”，而是转向现实的人生，摆脱自我、透视“我见”到“无所见”“无所有”，从而顿悟人生达到“不死的死”的生。其道路就是信奉佛法僧“三宝”，即实践、修养、理念，三者结合构成了佛教“知行”合一的体系。

六十三、伎儿著戏罗刹[1]服共相惊怖喻

昔乾陀卫国[2]有诸伎儿，因时饥俭，遂食他土[3]。经婆罗新山，而此山中素饶恶鬼，食人罗刹。时诸伎儿，会宿山中，山中风寒，燃火而卧。伎人之中有患寒者，着彼戏衣罗刹之服，向火而坐。时行伴中从睡寤者[4]，卒见火边有一罗刹，竟不谛观[5]，舍之而走。遂相惊动，一切伴侣，悉皆逃奔。时彼伴中着罗刹衣者，亦复寻逐奔驰绝走。诸同行者，知其在后，谓欲加害，倍增惶怖，越度山河，投赴沟壑，身体伤破，疲极委顿。乃至天明，方知非鬼。

一切凡夫，亦复如是。处于烦恼，饥俭善法[6]，而欲远求常乐我净[7]，无上法食[8]。便于五阴之中，横计于我，以我见故，流驰生死，烦恼所逐，不得自在，坠堕三涂，恶趣沟壑[9]。至天明者，喻生死夜尽，智慧明晓，方知五阴无有真我。

【注释】

①罗刹：源于《梨俱吠陀》这部古老的印度宗教文献，后衍化为恶鬼的代称。传说男性罗刹红发、绿眼、黑身，女性罗刹妩媚动人。慧琳《一切经音义·二十五》中有“食人血肉”“捷疾可畏”

的记载。

②乾陀卫国：在《洛阳伽蓝记》中称乾陀罗，《法显传》称犍陀卫，由梵文音译而来，不下十种称谓。其原意《华严经音义·卷三》称“乾陀是香”，又叫香洁国。各代疆域不同，公元前3世纪随着佛教传播形成举世公认的乾陀罗佛教艺术。全盛时包括阿富汗、克什米尔、我国新疆、印度旁遮普等部分地区，8世纪为突厥灭，后渐没不闻。

③他土：其他国家。因饥荒贫困，逃到其他国家谋生。

④睡寤者：在睡梦中清醒过来的人。

⑤谛观：仔细看。

⑥饥俭善法：因艰难困苦而磨灭了存善求真的意识。

⑦我净：追寻个人安乐的世界。

⑧法食：食与“饥”相对，本义指得到解脱个人烦恼的方法、结果。

⑨恶趣沟壑：恶趣，在地狱、饿鬼、畜生三种处境中的痛苦。沟壑，喻指不能自拔。

【译文】

演员穿恶鬼戏装自相惊吓的比喻故事

从前，乾陀卫国有一群歌舞演员，由于贫困饥饿流落到其他地方谋生。他们路过一座叫婆罗新的山，这座山中历来有吃人的恶鬼罗刹。这时天色已晚，演员们就留宿在山中。山里风大寒冷，他们点起火堆休息。演员中有一个很怕冷的人，就穿着演罗刹鬼的戏装，面朝火堆坐着。这时同伴中有人在睡梦中刚醒来，突然看见火边有一个罗刹，也顾不上细看，落荒而逃。这一下把大家都惊醒了，混乱中都纷纷奔逃。这时穿罗刹戏装的人，也跟着大家飞奔。同伴们看见他在后面追赶，以为罗刹想杀害他们，更加恐怖，爬山蹚水，都躲到沟边坑旁，搞得浑身是伤，疲惫不堪。一直到天亮，大家才知道不是鬼。

世俗的人，也是如此。他们在烦恼中，放弃了存善求真的认识，到佛教之外追寻个人安乐的世界，想得到正确的结果。在色、受、想、行、识的聚合世界里，想得到永恒的自我，以追寻自我的认识，却只能在生死轮回的反复中，被永无止境的烦恼所追逐，不能自拔，落在地狱、饿鬼、畜生的处境中，受痛苦、罪恶的折磨。故事中的天亮，可以比喻为参悟人生的长夜一旦结束，智慧的光就会照亮心田，让人们认识到在物质世界和精神世界中并不存在什么永恒、实在的自我。

【辨析】

一人呼鬼，众人皆惊。这种状况反映了人们内心深处对自然、社会不能把握的恐惧。同时也使人体会盲目随从的可悲，如果人不怕鬼，奈何以鬼惧之。在现实中，随大流、从众的心理根深蒂固。金人蔡松年《槽声同彦高赋》一诗中自谓“槽床过竹春泉何，他日人云吾亦云”。可见随声附和、人云亦云，对于有的人来说，也许还是一种处之坦然的处世哲学。盲从是一种很可怕的社会现象，它去掉了人对于事物的认真观察和细致的思考。如果从的是光明和正确的人生之路，可以使人顺流而下；若是跟上了“读书无用论”“知识越多越反动”的恶潮，一路坚持下去，到两鬓微霜之时才醒悟，那是很可悲的。从这个意义上讲，把盲从变成思索是十分有必要的。

在几千年的封建专制时代，百姓是不被允许有自己的独立见解的，所谓“民可使由之，不可使知之”。愚民政策的必然结果就是百姓“挨打”、被欺辱，这是被历史证明了的真理。

六十四、人谓故屋[1]中有恶鬼喻

昔有故屋，人谓此室常有恶鬼，皆悉怖畏[2]，不敢寝息。时有一人，自谓大胆而作是言："我欲入此室中寄卧一宿。"即入宿止。后有一人，自谓胆勇胜于前人，复闻傍人，言此室中恒有恶鬼。即欲入中，排门将前[3]。时先入者，谓其是鬼，即复推门，遮不听前[4]。在后来者复谓有鬼。二人斗诤，遂至天明，既相睹已，方知非鬼。

一切世人，亦复如是。因缘暂会[5]，无有宰主[6]，一一推析，谁是我者？然诸众生，横计是非，强生诤讼，如彼二人，等无差别。

【注释】

①故屋：陈旧的房屋。

②怖畏：恐怖、畏惧。

③排门将前：推门向里走。

④遮不听前：挡住不让往里走。

⑤因缘暂会：原因和条件暂时具备。

⑥无有宰主：并没有谁来操纵。

【译文】

人称旧屋有鬼的比喻故事

从前有座老屋，人称这屋里常有恶鬼出没，大家都非常恐惧，不敢在里面过夜。这时有一个人，自称胆大，并说："我要在这屋里睡一夜。"于是就进屋住下。后来又有一个人说自己的胆量和勇气都胜过前面的人，又听旁人说这屋里常闹鬼，就想进去，并推门向里走。这时先进屋的人，以为他是鬼，立即抵门，挡住不让进来。后来的人也认为有鬼挡门。两个人你推我挡，直到天明，等相互看到了对方，才知道不是鬼。

世上所有的人，也是如此。由于原因和条件的暂时具备，形成了并无所谓主宰和能操纵自身的人，如果把形成人的各种因素一个个地分解，那么还会有我吗？然而世人千方百计地制造事端，硬是要论个高下，这就与你推我挡的两个人的行为没有什么差别。

【辨析】

说到鬼，人人皆知。有的人宁可信其有，不敢信其无；有的人不但自己信，而且还极力地劝人信。但也有的人是不相信的。根本的问题并不在于有鬼还是无鬼本身，而在于对一切社会生活现象都能抱着冷静、客观、科学的态度去分析、去认识。对于已认识了的事物来说，就不会产生迷信或"鬼神"的感觉。但是还应当看到，有限的人生与无限的宇宙从个体的角度来看，是一个无法回避的矛盾，所谓"人生如风灯"短暂而微弱，"长河落日圆”永恒而持久。因此，人们在难以把握的人生和有生之年无法了解的自然面前，往往容易失却智慧与清醒。也正因为此，要用科学战胜迷信，是一项需要长期进行的事业。

故事中的两个人，都是不怕鬼的人，没有退缩，也没有惊慌失措。但是从两个人的行为看，虽在他们是胆正之人，心里是不怕“鬼”的，可这并不等于他们心里“无鬼”。究其根本，还是心中“有鬼”。或者说是宁可信其有，否则就不会相持一夜，直到天亮一切都真相大白时才罢手。可见不怕鬼，并不等于不信鬼，而且在我国的许多文学名著里“精狐鬼怪”往往比人更可爱，更有正义感。因此具有理性与科学的态度是最重要的。

六十五、五百欢喜丸[1]喻

昔有一妇，荒淫无度。欲情既盛，嫉恶其夫。每思方策[2]，频欲残害。种种设计，不得其便。会值其夫，聘使[3]邻国。妇密为计，造毒药丸，欲用害夫。诈语夫言："尔今远使，虑有乏短。今我造作五百欢喜丸，用为资粮，以送于尔。尔若出国，至他境界，饥困之时，乃可取食。"夫用其言，至他界已，未及食之，于夜暗中止宿林间。畏惧恶兽，上树避之。其欢喜丸忘置树下。即以其夜，值五百偷贼盗彼国王五百匹马，并及宝物，来止树下[4]。由其逃突，尽皆饥渴。于其树下，见欢喜丸，诸贼取已，各食一丸。药毒气盛，五百群贼，一时俱死。时树上人，至天明已，见此群贼死在树下，诈以刀箭斫射死尸，收其鞍马，并及财宝，驱向彼国。时彼国王，多将人众，案迹[5]来逐，会于中路值于彼王。彼王问言："尔是何人？何处得马？"其人答言："我是某国人，而于道路，值此群贼，共相斫射。五百群贼，今皆一处，死在树下。由是之故，我得此马及以珍宝，来投王国。若不见信[6]，可遣往看，贼之疮痍[7]，杀害处所。"王时即遣亲信往看，果如其言，王时欣然，叹未曾有。既还国已，厚加爵赏，大赐珍宝，封以聚落[8]。彼王旧臣咸生嫉妒，而白王言："彼是远人[9]，未可服信，如何卒尔宠遇过厚，至于爵赏逾越旧臣？"远人闻已，而作是言："谁有勇健，能共我试，请于平原校其技能！"旧人愕然，无敢敌者。后时彼国大旷野中有恶师子，截道杀人，断绝王路。时彼旧臣，详共议之："彼远人者，自谓勇健，无能敌者，今复若能杀彼师子，为国除害，真为奇特。"作是议已，便白于王。王闻是已，给赐刀杖，寻即遣之。尔时远人既受敕已，坚强其意，向师子所。师子见之，奋激鸣吼，腾跃而前。远人惊怖，即便上树，师子张口，仰头向树，其人怖急，失所捉刀[10]，值师子口，师子寻死。尔时远人，欢喜踊跃，来白于王，王倍宠遇。时彼国人，卒尔敬服，咸皆赞叹。

其妇人欢喜丸者，喻不净施[11]；王遣使者，喻善知识[12]；至他国者，喻于诸天[13]；杀群贼者，喻得须陀洹[14]，强断五欲并诸烦恼；遇彼国王者，喻遭值贤圣；国旧人等生嫉妒者，喻诸外道见有智者能断烦恼及以五欲，便生诽谤，言无此事；远人激厉而言旧臣无能与我共为敌者，喻于外道，无敢抗衡；杀师子者喻破魔[15]。既断烦恼，又伏恶魔，便得无着道果封赏；每常怖怯者，喻能以弱而制于强，其于初时，虽无净心[16]，然彼其施，遇善知识，便获胜报。不净之施，犹尚如此，况复善心欢喜布施？是故应当于福田[17]所勤心修施。

【注释】

①欢喜丸：饼名，又叫喜团。由核桃、葡萄、酥面等糅合而成的食物。

②方策：方法、对策。

③聘使：奉命聘问。

④来止树下：来到树下。

⑤案迹：根据马留下的足迹追赶过来。

⑥见信：相信。

⑦疮痍：死亡、重创。

⑧聚落：村落。指享受一个村落的贡奉。

⑨远人：外地、他国人。

⑩捉刀：手握的刀。

⑪不净施：不净，指污秽、丑恶。不净施，是指为妄心求福报而进行的布施。

⑫善知识：佛教名词。知识指知人心识人行，善指对人有益，引导人走往善行之路。即不作恶、修众善、纯正清白。

⑬诸天：佛教界名，欲界有六天，色界十八天，无色界有四天，还有日天、月天、韦驮天诸种天神。诸天界之神仍属“有情”的神人。

⑭须陀洹：指通过修行，脱离欲望而达到的初步修行的果位。

⑮破魔：佛教名词，指破除四种恶魔。一是烦恼魔，能损害身心；二是阴魔，又称五蕴魔，能使人生种种苦恼；三是死魔，能断人命根；四是自在天魔，能害人善事。

⑯净心：纯正清澄的修行之心。

⑰福田：比喻在修行的心田上努力修证，施以义理，从而证得佛果。

【译文】

五百个什锦饼的比喻故事

从前，有一个妇女荒淫无度，情欲旺盛，厌恶她的丈夫。常想方设法陷害她丈夫。但用各种方法，都未能得逞。正赶上她的丈夫奉命聘问邻国。这个妇女就秘密计划，做了毒药饼，想用它来害死丈夫。她骗丈夫说：“你现在要出使远方，恐怕会缺少食物，我为你制作了五百个什锦饼，用来当作干粮。你如果出了国境，到了邻国，饥饿时可以食用。”丈夫听了她的话，到了邻国的地界，还没有来得及食用，天色已晚，就在树林里夜宿。因为害怕猛兽攻击，他爬到树上，却把什锦饼忘在了树底下。

这天夜里，正巧有五百名盗贼偷了国王五百匹马和许多宝物，逃到树林在树下喘息。由于仓皇奔逃，又渴又饿。在树下见到了什锦饼，每人分一个吃了。这饼毒性极强，五百个盗贼，不一会儿全部都毒死了。躲在树上的人，到天亮后一看，群盗全部死在树下，就用刀箭在尸体上砍射一番，收拾好鞍马带上财宝，向这个国家的王城奔去。这时，这个国家的国王带着许多兵马根据马留下的足迹追赶过来，与他在半路上相遇。国王问道：“你是什么人？在哪里得到这些马？”他回答：“我是某国人，在路上正好遇上一群强盗，便厮杀起来。那五百群盗，都死在林中的一棵树下。因此我就带上马匹和财宝，来投奔你了。如果不相信，可以派人去查看尸体和强盗被杀的地方。”国王立即派亲信前去查看，果然像他所说的一样。国王十分高兴，感叹从未有如此勇敢的人。回到王城后，国王封他做高官，并赏赐他许多珍宝，还封给他村落享受供奉。

这个国王原有的大臣都为此心生嫉妒，向国王进言说："他是远道而来的人，不能使人信服。您怎么一下就对他宠信有加，给他的赏赐超过了我们？"这位从别国远来的人听到传闻，就说道："谁英勇健壮，能和我比试，可以到开阔处较量一下本领！"国王的旧臣听了都吓住了，没有人敢与他比试。

后来这个国家的大草原上出现了一头凶猛的狮子，拦路伤人，使通往王城的道路都中断了。这时那些旧臣聚到一起商议说："那个远方来的人，自称英勇健壮，无人能敌，现在如能再杀死猛狮，为国除害，那就真是奇异特殊的人。"商量后，旧臣们就向国王进言。国王认为有理，就赐给远方来的人宝刀、手杖，派他去杀死猛狮。这位从异国他乡远来的人无奈接受了国王的命令，鼓起勇气到了狮子出没的地方。狮子看见他，奋起怒吼，腾跃着向他扑来。他惊恐之下迅速爬上树，狮子张开大口仰起头对着树上的人。这位从他乡而来的人在惊吓和慌忙之中，失手将手握的宝刀掉了下去，正好落在狮子口里，杀死了狮子。从远方来的人欢喜雀跃，兴奋地向国王禀告了这个喜讯，国王加倍地赏赐了他。值此，这一国家的人们，一下子变得对他既敬重又佩服，他所到之处是一片赞扬之声。

妇女所做的什锦饼可以比喻为心存妄念的布施；国王派遣的使者比喻为引导人走向善行之路；到达其他国家比喻为进入"有情"的天界；杀死群盗比喻初步得到修行的果实，用强制修行的方式断绝了欲望带来的烦恼；而遇到他国的国王比喻在落难中遇到了贤达的圣人；国家的旧臣们的嫉妒，可以比喻为其他教派见佛学能除去人间的烦恼与欲望而进行的诸如绝无此事之类的诽谤；远方的来者激愤严厉的话语，旧臣中没有能与之抗衡的人，比喻其他教派无法在论辩中战胜佛教；杀死凶猛的狮子比喻最终破除了烦恼、欲望、轮回的羁绊。既然断除了烦恼，又降伏了诱惑的魔力，就能够得到自在美妙的修证之果。人每次在对阵时的胆怯、害怕比喻弱能胜强，虽然在开始时并不具备清纯的修行之心，但能够施德于人，走上了行善之路，从而获得了殊胜的果报。不纯正的修行与布施都能得到一定的果报，何况真诚而善良地帮助他人的修行者？所以应当在修行的心田上努力证悟，勤奋地自度度人。

【辨析】

在《百喻经》中，这是一则篇幅最长的比喻故事。其结构上环环相因，层层推进。由妇厌夫到丈夫奉命出使，从妇做毒饼到夜宿林中的丈夫因祸得福，进而因势利导享荣华于他乡。接着又语对旧臣，气压众妒，旋而勇斗猛狮，侥幸取胜。一环紧扣一环，突出了全文故事情节波澜起伏的特点，最后又由这种波澜的跌宕带出文章境界的自然转换，引出了譬喻佛理的议论。全文用笔从容道来，连用八层比喻，一气呵成，开阖有致，显得游刃有余，并逐步渡渠过道，牵引读者进入觉海慈航，求证佛果的题旨。

故事里展示出一幅广阔的社会生活画面，各色人等纷纷亮相。从国王到强盗，从大臣到淫妇，以至于在已被毒死的强盗身上做手脚、瞒天过海的主人公。这些人都具有人性的弱点，都不具有简单的单一性格，而是被客观地表现为一个个有欲望、有偏爱、有胆有怯、有智有勇的人,尤其是“远人”的形象,刻画得最为成功。从他的变故之中，我们不仅可以领略出一些佛教对于偶然和必然关系的理解、运用和独到之处，而且还使引导人心向善、脱离烦恼的说教显得具体形象。佛教的教化方法上确是“循循善诱”。其讲故事、寓理义、谈人生的方法，对于每一位从事教育工作的人或每一位从事管理科学研究的人来说，都是很有启发意义的。

六十六、口诵乘船法而不解用[①]喻

昔有大长者子，共诸商人，入海采宝。此长者子善诵入海捉船[②]方法，若入海，水旋洑洄流矶激之处[③]，当如是捉[④]、如是正、如是往。语众人言："入海方法，我悉知之。"众人闻已，深信其语。既至海中，未经几时，船师遇病，忽然便死。时长者子，即便代处[⑤]，至洄洑驶流之中，唱言[⑥]："当如是捉，如是正。"船盘洄旋转，不能前进至于宝所。举船商人，没水而死。

凡夫之人，亦复如是。少习禅法，安般数息[⑦]及不净观，虽诵其文，不解其义。种种方法，实无所晓，自言善解，妄授禅法[⑧]，使前人迷乱失心，倒错法相[⑨]。终年累岁，空无所获，如彼愚人，使他没海。

【注释】

①口诵句：本句指"长者子"善于背诵驾船的理论而不知如何去用。

②捉船：驾驶船只。

③旋洑洄流矶激之处：旋，漩涡；洄流，潜流、逆流；矶激，有暗礁、险滩的地方。

④如是捉：这样驾驶。

⑤代处：代为驾驶。

⑥唱言：大声喊着。

⑦安般数息：又称安般、数息观，佛教名词。是一种计出息入息，即呼吸次数的镇心之观法，即静心“反观内照”的修行方法。

⑧妄授禅法：错误地讲授静虑修心、专注观境、求证智慧的方法。

⑨倒错法相：颠倒和错误地认识事物的内在本质和外在形态。

【译文】

背诵驾船方法却不会驾驶的比喻故事

从前，有位尊贵长者的儿子和一群商人到海上寻宝。这位长者的儿子善于背诵在海里驾船的方法，诸如在海中遇到漩涡、暗流、险滩时，应当如何驾驶、如何航行。他对大家说：“海中航行的方法，我全都知道。”大家听了，都对他的话深信不疑。后来船航行在海中，没过多久，掌舵驾船的师傅忽然病死。于是长者的儿子就代替师傅驾船，在航行到有暗流和漩涡的区域时，他大声喊：“应当这样把舵，如此驾驶！”船在潜流和漩涡中打转，不能前行到达有珍宝的地方。全船的商人，都葬身于海中。

世俗之人，也是这样。修习了一点专注观境、求证真谛的方法，在心计出息入息次数的静心修行和证悟轮回肉体的各种污垢时，虽然能够诵念经文，但不能真正理解佛学义理。对于禅门中口传心授的修行方法，世俗之人并不知道，自以为有正确的理解，错误地讲授静虑修行认识主观与客观世界的见识，使努力进取初修佛理的人意乱神迷，颠倒和错误地认识事物的本质和外部形态，产生了物与我的实相。这样长年累月地修习，将一无所获。就像那位只会背诵方法不能驾船的愚人一样，使别人葬身大海。

【辨析】

佛门修持，重在实践。理论固然美好重要，最终仍需实践证明。古往今来，禅门世俗同于一理。轻易地听取夸夸其谈之辞，小则误事，大则害身，对此并非每个人都能认识清醒。《三国志 · 蜀志》记有“马谡才器过人，好论军计，丞相诸葛亮深加器异”。刘备深谙此人实际，在临终时曾告诫孔明说：“马谡言过其实，不可大用。”尽管如此，以惊人的才智谋略帮刘备开创了蜀汉基业，又辅佐后主刘禅济美守成，运筹帷幄、决胜千里，竭忠尽虑、稳重谨慎的孔明，还是失察于人，听信其言，痛失街亭，以至于不得不“挥泪斩马谡”。贤相诸葛尚有此失，何况世人。

在生活中，我们不仅应当注意理论和实际相结合，识别那些有言无实、徒具其表的人与事，更重要的是经常提醒自己，要踏踏实实做事，老老实实做人。把理想与现实结合起来，把说的与做的统一起来。

六十七、夫妇食饼共为要喻

昔有夫妇，有三番饼。夫妇共分，各食一饼，余一番在，共作要言："若有语者，要不与饼。"既作要已，为一饼故，各不敢语。须臾有贼入家偷盗，取其财物，一切所有，尽毕贼手。夫妇二人，以先要故，眼看不语。贼见不语，即其夫前，侵略[1]其妇，其夫眼见，亦复不语。妇便唤贼，语其夫言："云何痴人，为一饼故，见贼不唤！"其夫拍手笑言："咄！婢，我定得饼，不复与尔。"世人闻之，无不嗤笑。

凡夫之人，亦复如是。为小名利故，诈现静默[2]。为虚假烦恼种种恶贼之所侵略，丧其善法，坠堕三涂，都不怖畏，求出世道方，于五欲[3]耽著嬉戏，虽遭大苦，不以为患。如彼愚人等无有异。

【注释】

①侵略：本处指轻薄侮辱。

②诈现静默：虚假地表现出凝神专注、证悟清澄境界的样子。

③五欲：佛教把色、声、香、味、触称为五欲，认为人的贪欲之心由此而生。又称华箭、五箭，能破坏人的各种善念善行。《智度论·十七》称："哀哉众生，常为五欲所恼，而求之不已。

此五欲者，得之转剧，如火炙疥；五欲无益，如狗咬炬；五欲增争，如乌竞肉；五欲烧人，如逆风执炬；五欲害人，如践恶蛇；五欲无实，如梦所得；五欲不久，如假借须臾；世人愚惑，贪着五欲，至死不舍。为之后世受无量苦。”

【译文】

夫妻为分饼订约的比喻故事

从前，有一对夫妻有三个饼。两个一起吃，每人吃了一个饼，还剩下一个饼，于是他们就订了一个约定：“谁先说话，剩下的饼就不给谁吃。”这样订立了约定后，因为都想得到这一个饼，两个人不敢说话。过了一会儿，有一个小偷窜到他们家偷窃财物，所有值钱的东西都拿到手了。夫妇俩人因为有约在先，都眼看着不吭声。贼看他们不动声色，就当着丈夫的面，公然轻薄侮辱他的妻子，丈夫眼睁睁地看着，仍然不说话。妻子情急，便喊捉贼，对丈夫说：“还有这样的白痴，为了一个饼，见了贼都不喊！”她丈夫听后拍手笑着说：“嘿！你这女人，我得到饼了，没有你的了。”人们听到这个故事，都嘲笑这对夫妻。

世上的人们，也是如此。为了一点名利，人们虚假地表现出追求凝神专注、求证清澄境界的样子，终还是被事物的表现形态所迷惑，被名利所引出的喜乐哀愁驱使，失去了认识事物真谛的佛理，最终落入地狱、饿鬼、畜生三条罪恶的道路之中。至此还不知道恐怖畏惧，人们依然寻求解脱苦难的途径，在色、声、香、味、触的五种贪欲中流连忘返，追求感官的欢乐，虽然会遭遇无穷的苦难，却不以为患。这就像那对为了一个饼，而不惜眼看着盗贼恣意横行的夫妻一样。

【辨析】

逞一时之气，守无谓的约定，不考虑事物的轻重缓急，这就是人们常讲的呆板。这种拘泥的心态在纷繁百态、新事物层出不穷的现实生活中所产生的危害是不能小看的。固执于一己之见，看不到外界的变化，在狭隘的个人世界里独守偏见，以至于从偏见出发去评价生活、认识生活，必然会被社会发展的潮流淹没。例如，在市场经济不断发展和完善的社会条件下，的确出现了一些令人困惑的现象，如，不少假冒伪劣产品的出现，使几乎人人都或多或少地受到了冲击和影响。如果偏执地认为在计划经济体制下就很少出现这种现象，从而认为坑蒙拐骗是商品经济的必然产物，那无疑是有害的。如果只看到在旧的体制下就人人都有一碗“安稳饭”，而无视今天经济建设的飞速发展、人民生活水平的普遍提高，以及思想的解放、眼界的开阔所带来精神文化生活的丰富，其认识与固执于“一饼之得”，放弃了整个财富的夫妻颇有相似之处，同样应受到人们的扬弃。

佛理部分告诫人们在物质利益的诱惑面前，应当保持清醒。我们认为，在物质生活日益丰盛的社会发展时期，高度的精神文明建设不仅能够内在地、自动地调节人们的经济行为，而且能够使人培植出昂扬奋进、向上不息的精神之树，开出更加鲜艳的文明之花，结出更加丰富的物质之果。

六十八、共相怨害喻

昔有一人，共他相嗔，愁忧不乐。有人问言："汝今何故，愁悴[①]如是？"即答之言："有人毁我，力不能报，不知何方，可得报之，是以愁耳！"有人语言："唯有毗陀罗咒[②]可以害彼，但有一患，未及害彼，返自害己。"其人闻已，便大欢喜："愿但教我，虽当自害，要望伤彼。"

世间之人，亦复如是。为瞋恚故，欲求毗陀罗咒，用恼于彼，竟未害他，先为瞋恚，反自恼害，堕于地狱、畜生、饿鬼[③]。如彼愚人等无差别。

【注释】

①愁悴：忧愁憔悴的样子。

②毗陀罗咒：又称"迷怛罗""起尸鬼"，古代印度的咒术，能够指使死尸去杀人的咒语。即所谓的"咒杀之术"。

③地狱、畜生、饿鬼：即三恶道。佛教认为人天寿终之后，依恶业可往来的三处地方。有较轻十种罪恶的人，被地狱道收容；有中等十种罪恶的人，被驱往饿鬼道栖身；有十种严重罪恶的人，被赶到畜生道发落。

【译文】

用咒语报复人的比喻故事

从前，有一个人与别人产生了怨恨，整日忧愁不乐。有人问他："你近来有什么心事，如此忧愁憔悴？"他回答："有人诋毁我，但我无力报复，也不知借用什么方法能够报复他。为此而愁苦不堪！"那人说道："只有用借尸杀人的毗陀罗咒语可以害他，但有一个坏处：要是没能伤害到他，会反过来伤害自身。"这人听后，非常高兴，并说："希望你马上教我，虽然自己可能会受害，也渴望能伤害他。"

世俗的人，也是如此。因为怨恨，希望得到借尸杀人的毗陀罗咒语并用到惹怒自己的人身上，结果还没害人，首先由于怨恨，反伤了自身，并因此而进入地狱、饿鬼、畜生三种罪恶之路，饱受煎熬。这和想报复别人不惜自害的愚人一样，没有本质的差别。

【辨析】

咒语，在佛门中被称为真实不妄的语言。其实并不神秘，所谓因缘、因果皆与此有关。即为善者人皆善之，为恶者人皆恶之。但似本篇"起尸杀人"的咒语，易使人疑惑，产生"佛门戒杀，何以有此咒"的想法。《十诵律》是这样记述此咒的："有比丘，以二十九日求全身死人。召鬼令尸令起，水洗、著衣、著刀手中。若心念、若口说，我为某故作毗陀罗即诵咒术，是名毗陀罗成。若所欲杀人，或入禅定，或入灭尽定，或入慈心三昧。若有大力咒师护念救解，若有大力天神守护，则不能害。是作咒比丘，先办一羊，若得芭蕉树，若不得杀前人者，当杀是羊或杀是树，如是作者善。若不尔者，还杀是比丘。是名毗陀罗。”如此看来，若是恶念生起、妄起杀机，不仅不能杀人，反受其害，加之被咒者有人力“咒师”或天力“天神”守护，同样害人之术难成其事，且无公心、善心、慈悲心而起念害人，恐怕大都会落得个以损人开始，以害己告终的结果。其实毗陀罗，被佛门视为异类。但中国佛门中的僧众，也并非面对强盗不敢言威的。当年少林棍僧抗倭，直令侵略者魂飞魄散，今日佛门武学亦博大精深，绝非不蕴杀机、仅供观赏的花拳绣腿所能比拟的。健体强身与除暴安民并不矛盾。

六十九、效其祖先急速食喻

昔有一人，从北天竺至南天竺[①]。住止既久，即聘其女共为夫妇。时妇为夫，造设[②]饮食，夫得急吞，不避其热。妇时怪之，语其夫言：此中无贼劫夺人者，有何急事，匆匆乃尔？不安徐食[③]？”夫答妇言：“有好密事，不得语汝。”妇闻其言，谓有异法，殷勤问之。良久乃答：“我祖父以来，法常速食。我今效之，是故疾耳！”

世间凡夫，亦复如是。不达正理，不知善恶，作诸邪行，不以为耻，而云我祖父已来作如是法，至死受行[④]，终不舍离。如彼愚人，习其速食，以为好法。

【注释】

①天竺：古印度的别称。北天竺，印度北部。

②造设：做好。

③不安徐食：徐，从容，慢。不能从容地吃。

④受行：受，佛教名词，指领会接受苦、乐、舍三种境地。受行，指始终在苦恼、欢乐、离舍的境界中度日。

【译文】

仿效祖先速食的比喻故事

从前，有一个人从印度北部到南部，在当地住久了，就娶了一个当地姑娘为妻。有一天妻子为丈夫做好了饭菜，丈夫急速吞咽，不顾烫口。妻子觉得很怪，就对丈夫说："又没有强盗和你抢夺，有什么急事慌成这样，不能从容地吃吗？"丈夫回答："这是个秘密，不能告诉你。"妻子听了，以为有什么特殊的作用，不断追问。问了很久丈夫才回答说："我们家自我祖父起，习惯于快速吃饭。我现在仿效他们，所以吃得这样快！"

世上的人，也是如此。不能明白正确的道理，不懂得善良与丑恶，做了许多邪恶的事情，不以为耻，反而认为自己的前辈都是这样做的，直到老都在苦恼、欢乐、离舍的境遇中度过，始终不能摆脱。这就与愚蠢的人仿效祖辈的速食方法，还自以为是好的习惯一样。

【辨析】

我们认为"德"首先表现在对历史传统的尊重，对前人的尊重，不妄加评论，不妄自菲薄。在有几千年封建文化传统的国家里，如何正确地对待历史遗留下来的文化传统、风俗习惯，确是一个值得探究的问题。毫无疑问，我们的前人给我们留下了无比丰富的文化遗产，它不仅凝聚着前人的智慧，同时还是我们增进民族团结、增强民族自信心和激发爱国主义情感的巨大的精神财富。但令人困惑忧虑的文化心态亦不容忽视。如不能正确对待传统文化中反映的处世态度，也会走向反面。如曹操《短歌行》中的“对酒当歌，人生几何？”时下有人诵之，全无韶光易逝、时不我待、奋发进取、惜时如金之意，而是迷恋于物欲的纵情享受，寻求放荡、刺激和所谓的潇洒，使道德沦丧，人格退化。至于腐朽的“人不为己，天诛地灭”的信条，给人们在精神上带来的污染就更为严重。物欲化的倾向十分明显，功利主义、拜金主义、有业不敬的现象时有抬头。尽管这只是一少部分人在商品经济条件下产生的偏差行为，但产生的负面社会效应却很大，对于青少年的误导作用更厉害。每一位文化工作者都应继承“宁苦身以利人”的优良传统，扬弃“怀砖之俗”，为创建一种文明健康的生活方式而努力。

七十、尝庵婆罗果[1]喻

昔有一长者，遣人持钱，至他园中，买庵婆罗果，而欲食之。而敕之言："好甜美者，汝当买来。"即便持钱，往买其果。果主言："我此树果，悉皆美好，无一恶者。汝尝一果，足以知之。"买果者言："我今当一一尝之，然后当取，若但尝一，何以可知？"寻即取果，一一皆尝，持来归家。长者见已，恶而不食，便一切都弃。

世间之人，亦复如是。闻持戒施得大富乐[2]，身常安稳无有诸患，不肯信之，便作是言："布施得福，我自得时，然后可信。"目睹现世贵贱贫穷，皆是先业所获果报[3]，不知推一，以求因果，方怀不信，须己自经[4]。一旦命终，财物丧失，如彼尝果，一切都弃。

【注释】

①庵婆罗果：水果名。

②大富乐：大，佛教术语。指自体宽广、周遍包含、不可思议。本处指不可思议的福分和快乐。

③果报：即"异熟"，佛教术语。指依业因而得的果报，现世之果生于前世之因。

④自经：自己亲身经历。

【译文】

尝水果的比喻故事

从前，有一位老人派人带着钱到果园里给自己买一种叫庵婆罗的水果来吃。他吩咐说："把质量好味道甜美的买回来。"那人就拿着钱，去买水果。果园的主人说："我这里树上结的果子味道都很好，没一个不好。你只要尝一个，就可以知道了。"买果子的人说："我要把每个都尝一尝，然后再买。如果只尝一个又怎能知道其他的好坏呢？"接着他取来果子，一一品尝，然后买回家。老人见了一个个被咬过的果子，恶心得吃不下，全都扔了。

世上的人，也是如此。听说信守戒律乐善好施，可以得到意想不到的福分和欢乐，身心健康、平安吉祥，不肯相信，并说："若舍物和关心他人可以得到福分，我经历后，才能够相信。"遍观现实世界中的高贵与低下、富贵与贫穷，这就是由前世之因而得到的现世之果。世人不知道由此类推，造今世之业，结来世之果，也不相信这样的道理，认为必须要自己亲身体验。在生命结束时，任何财物都得不到、带不走，就像尝过的果子一样，全都扔掉了。

【辨析】

这则故事提醒人们，做事要善于从个别中发现和认识一般，不可能事事都要亲身经历后才能得到真知，正好比贩卖吸食毒品，贻害无穷，国法人心，两皆难容。

如果非要去以身试法，岂不荒谬？因此运用归纳和演绎推理，来帮助人们去认识现实世界，是必不可少的。本文用品尝“一果”，怎知“它果”甜美的思路，去“尽尝它果”，导致“一切都弃”的结果，来比喻“只知现世”，不知“来世”的佛门义理“因果报应”，把人引入了不可知、不能体验的所谓“报应通三世”中的“过去”与“未来”中。两部分内容过渡自然，衔接巧妙，在结构上层层相因，环环相扣，使人对其精密的构思，不能不发出感叹。

佛门比喻，确是百态纷呈，精彩动人。这种方法往往使深奥玄机变得生动形象，人皆可解，同时也可以“寄浅训深”。在《涅槃经》中，列出的有顺喻、逆喻、先喻、后喻、先后喻、遍喻、现喻、非喻八种，其精微细致可见一斑。另有《金刚经》六譬，《法华经》七喻，《般若经》《维摩经》《如来藏经》的各十喻都可称为精品。其表现手法，很有借鉴意义。如佛经中“三兽渡河”喻，用兔浮水过河、马或游或蹄触底过河与大象蹚水过河，来比喻人们修行证悟的深浅有别，体味不同，并分别对应声闻、缘觉、佛三个层次，既浅显易懂，又意蕴深厚。

七十一、为二妇故丧其两目喻

昔有一人，聘取二妇。若近其一，为一所瞋。不能裁断，便在二妇中间，正身[①]仰卧。值天大雨，屋舍淋漏，水土俱下，堕其眼中。以先有要[②]，不敢起避。遂令二目俱失其明。

世间凡夫，亦复如是。亲近邪友，习行非法。造作结业，堕三恶道。长处生死[③]，丧智慧眼。如彼愚夫，为其二妇故，二眼俱失。

【注释】

①正身：端正、挺直身体。

②以先有要：以，由于。要，约定。

③长处生死：在生死轮回中不能超脱。

【译文】

为两个妇人而双目失明的比喻故事

从前，有个人娶了两个妻子。如果亲近其中一个，另一个就怨恨。由于无法处理，只好在两个妻子中间，端正地挺直身体仰面睡觉。正好遇上天下大雨，房子漏水，雨水和泥土一起掉下来，落到他眼里。因为有约定在先，他不敢转身躲避，致使双目失明。

世上有的人，也是如此。结交邪恶之人为友，做出一些违背佛义理的事。所作所为会成为现世之报后世之因，被发落到地狱、饿鬼、畜生三种接受煎熬的境遇中。在生死轮回中不能脱离苦海，永远丧失走向光明的双眼。就好像那个愚蠢的丈夫，为了两个妻子，落得个双目失明。

【辨析】

人的一生，对事对人，都会有难以取舍的时候，这正是所谓进退维谷、左右为难的境况。一夫两妻，导致两头难做人，反受其害，说到底是一个“舍”字，能不能割舍，看似简单，实则不易。儒家面对纷扰的人际关系，倡“中庸之道”，倡导中与和，对调解各种关系委曲求全；儒家在各种利害关系面前，较为实际、现实，《孟子·告子上》表述为：“鱼我所欲也，熊掌亦我所欲也；二者不可得兼，舍鱼而取熊掌者也。”两相取舍，利大者优先。但深究起来，得了熊掌后，对于没得到的鱼，在心理上总还是有缺憾。儒家与佛家的取舍观，确有不同。前者在利益上务实，后者超脱，可以“了无一物”“四大皆空”；在心态上前者无奈，后者淡泊。

一个“取”，可得利禄功名、酒色才气，可事业有成，志得意满，但须有“道”；一“舍”字，可却“浮名”，可淡“身家”，直落个澄明自在，也可抛却个人利益，无私无畏，“心底无私天地宽”，各得其妙。较之，则“取”易“舍”难。

七十二、唵[1]米决口喻

昔有一人，至妇家舍，见其擣米[2]，便往其所，偷米唵之。妇来见夫，欲共其语，满口中米，都不应和。羞其妇故，不肯弃之，是以不语。妇怪不语，以手摸看，谓其口肿，语其父言："我夫始来，卒得口肿，都不能语。"其父即便唤医治之。时医言曰："此病最重，以刀决之[3]，可得差[4]耳。"即便以刀决破其口，米从中出，其事彰露。

世间之人，亦复如是。作诸恶行，犯于净戒[5]，覆藏其过，不肯发露，堕于地狱、畜生、饿鬼。如彼愚人，以小羞故，不肯吐米，以刀决口，乃显其过。

【注释】

①唵（ǎn）：含在嘴里。

②擣米：擣，捣的异体字。捣米。

③决之：割开。

④差：治好。

⑤净戒：佛教名词。指清净的戒行。《法华经·序品》有："精进持净戒，犹如护明珠。"

【译文】

偷食米被割开嘴的比喻故事

从前，有一个人到妻子的娘家，见她正在捣米，便走到她旁边，偷了一把米含在嘴里。妻子见他来了，想和他说话，但他嘴里都是米，不能回答。他怕妻子知道羞他，又不愿把米吐出来，所以不说话。妻子见他不说话，觉得很奇怪，用手一摸，看了一下，以为他嘴肿了。就对她父亲说："我丈夫刚来，突然嘴肿了起来，话都不能说了。"她父亲马上请来医生给他治疗。医生看了后说："这病很重，用刀把嘴割开，可以治好他的病。"接着就用刀割开他的嘴，米从嘴里掉出来，一下子真相大白了。

世俗的人，也是如此。做出了许多丑恶的事情，违犯了佛家清净澄明的戒条，还极力掩盖，不肯承认，最终会被发往地狱、畜生、饿鬼的惩恶境界里受煎熬。就好像愚蠢的丈夫，为了掩饰偷吃一口生米的羞耻，不愿把米吐出来，直到被用刀割开嘴，才显示出他的丑行。

【辨析】

人与动物的区别，就在于有思想，有羞耻心、上进心，其表现为能够改造环境，改造自身。无论是什么人，即使是人们在幻想中塑造或表现的神化了的人，都是有着这样、那样的过失，走过种种弯路，凡人就更不必说了。西方基督教的创始者耶稣也未识破出卖者犹大；东方的佛陀，在出家的六年中终无所得，后来静思其过，在菩提树下修证七天七夜方得智慧的“正觉”。由此看来“人非圣贤，孰能无过”确是至理名言。

问题在于怎样对待错误，如何认识自身。如果小错不改，终成大错之始，等到悔时已晚，“一失足成千古恨，再回头是百年人”。俗话说得好：少时偷针，大时偷金。贪婪之心、非分占有之心在金钱社会中是无法彻底根除的，但这正如杂草一样，尽管除而又生，但仍然要勤加防范，才能保苗壮禾。如果任其生长，禾苗必然受损。因此对于贪欲，须时时警惕，勿使放纵。青少年在求学时期，更应严于律己，不以善小而不为，不以错小而不改。正如若想小树成材，必加以修剪的道理一样。

七十三、诈言马死喻

昔有一人，骑一黑马入阵击贼。以其怖故，不能战斗。便以血污涂其面目，诈现死相[①]，卧死人中。其所乘马为他所夺。军众既去，便欲还家，即截他人白马尾来。既到舍已，有人问言：“汝所乘马，今为所在？何以不乘？”答言：“我马已死，遂持尾来。”旁人语言：“汝马本黑，尾何以白？”默然无对[②]，为人所笑。

世间之人，亦复如是。自言善好，修行慈心[③]，不食酒肉，然杀害众生，加诸楚毒[④]，妄自称善，无恶不造。如彼愚人，诈言马死。

【注释】

①诈现死相：装死。

②无对：无以对答，无言以对。

③慈心：慈善之心。

④楚毒：痛苦毒害。

【译文】

谎称战马已死的比喻故事

从前，有个人骑着一匹黑马进入阵地抗击敌人。由于害怕，不敢作战，就用血涂在脸上，躺在死人堆中装死。他骑的马也被敌人夺走。战士们撤离战场后，他想回家，就割了别人所骑白马的一截马尾。回家后，有人问他："你骑的马现在哪里？为什么不骑呢？"他回答说："我的马已经死了，只好带它的尾巴回来。"旁边的人听后说："你的马本来是黑的，尾巴怎么变成白的了？"他无话可答，被人们所嘲笑。

世上的人，也是如此。自称善良好心，修行慈善，不吃酒肉，却杀害各种生灵，制造各种痛苦毒害，还虚假地自称善良，实在是无恶不作。这就好像那位谎称马死的愚人。

【辨析】

掩饰内心的感情和行为上的怯懦，对人们来说，有时是难以避免的，因为绝对的内心充实以及行为的完满是不可能的。好比即使是正确的或众口一词的想法、认识，在表达上也很难准确无误；就是最美妙的语言，也要借助人的情态、动作来充分表达。进一步说，许多事情，由于时间、地点、场合、对象等的不同，也需要将真相掩去。例如，一个意外的事件发生了，如果不考虑承受者的心理承受能力等实际情况，据实相告，往往会产生不良后果。人们对待复杂的生活现象，往往是带着强烈的主观感情色彩。善解人意富于同情心的掩饰不仅是必要的，有时还反映出一个人的修养水准来。当然对坑蒙拐骗则另当别论，人们对于为了某一目的而施之的骗术，是深恶痛绝的。在商品经济的大潮中，有些人为了满足日益膨胀的金钱欲望，不惜坑害顾客，制造假药、假酒谋财害命，从而触犯法律，受到制裁，那是罪有应得。

本篇的比喻部分，其用意不仅在于抨击存欺诈心的人，即在危难面前只想保全自身、危难过后还要沽名钓誉的那位骑兵，更为重要的是深刻地揭示出在社会生活中，存在着那种口蜜腹剑、外善内毒的人，还有手持佛珠，心存害人之心的假善人。鲁迅先生作于 1918 年的《狂人日记》在揭露封建家族制度和礼教的弊害时指出“狮子似的凶心，兔子的怯弱，狐狸的狡猾”，认为他们“话中全是毒，笑中全是刀”，这是十分深刻的。在改革开放的今天，那些腐朽的思想、专制主义也同样具有欺诈性，因此追求思想进步与加强精神文明建设永远都不应被忽视。

七十四、出家凡夫贪利养喻

昔有国王，设于教法[①]：诸有婆罗门等，在我国内，制抑洗净。不洗净者，驱令策使，种种苦役。有婆罗门，空捉[②]澡罐，诈言洗净。人为其著水，即便泻弃。便作是言："我不洗净，王自洗之。"为王意故，用避王役。妄言洗净，实不洗之。

出家凡夫，亦复如是。剃头染衣，内实毁禁[③]，诈现持戒，望求利养，复避王役[④]，外似沙门，内实虚欺，如捉空瓶，但有外相[⑤]。

【注释】

①设于教法：设立、制定教规。

②空捉：拿着空罐。

③内实毁禁：在内心实际上诋毁禁律。

④王役：国王下令派遣的劳役。

⑤外相：事物的外部形态，表露于外的形象。（参见高杨、荆三隆注译《金刚经新注与全译》第46~47页）

【译文】

修行者贪图利益和供奉的比喻故事

从前，有一个国王制定了教规：凡是出身于婆罗门种姓的人，在我的国家内按规定都要清洗干净身体。不洗净身体的人，就要强迫他服各种苦役。有一个婆罗门种姓的人，拿着空的洗澡罐子，骗人说自己已经洗干净了。别人为他装上水，他随后就倒掉，还说："我不必洗干净，让国王自己去洗吧。"为了不违背国王的规定，逃避服苦役，骗人说洗干净了，实际上却不洗。

出家修行不得正果的人，也同样如此。剃发穿上了僧衣，但在内心却诋毁佛门禁律，装出一副守持戒律的样子，为的是得到利益和供奉，又能躲避王室派遣的各种苦役，表面上看来像一个出家行善的修行者，在内心实际上是虚伪和欺诈，就好像拿着空的水罐，只是一种骗人的假象罢了。

【辨析】

我们认为，在佛教的创立时期，与王权的统治达成了某种默契，反对婆罗门教的至高无上的教义、种姓地位，毫无疑问对于印度社会的发展是具有推动意义的。不仅如此，佛陀本人所在的释迦部落，也受到了王权日益扩大的新兴国家的压迫，同时也清楚地看到在权力的争夺中，统治阶级内部的相互倾轧。他在《本生经》中认为，王子们永不满足地煽动他们的愿望，放纵他们的贪婪，互相争斗。如此下去，还能有谁在这个世上安然而行？如何面对充满欺诈、苦难和烦恼的世界，取得自在、澄明与宁静，在现实的生活中是难以找到现成答案的。正是东北印度纷繁多变的政治，混乱的现实造就了一位人类思想的探索者。释迦牟尼开始创立了适合脱离纷扰世界的“幻想”，应当看到这种企望超脱苦难的动机，具有善与爱的底蕴。因此即使未来世界变成一片温馨与宁静，不再有压迫和苦难，佛陀仍然会留下历史的回味,其人格的光辉也不会失色。马克思在他的《〈黑格尔法哲学批判〉导言》中指出 :“宗教是被压迫生灵的叹息，是无情世界的感情，正像它是没有精神的制度的精神一样。宗教是人民的鸦片。废除作为人民幻想的幸福的宗教，也就是要求实现人民现实的幸福。要求抛弃关于自己处境的幻想，也就是要求抛弃那需要幻想的处境。”只要人类生活中还存在着不平等，那么就有适合宗教生存的土壤。因此对宗教的认识，不仅是历史的现实的，还必须清楚地认识到，它仍然会走向漫长的未来世界。

七十五、驼瓮俱失喻

昔有一人，先瓮中盛谷。骆驼入头瓮中食谷，又不得出。既不得出，以为忧恼。有一老人来语之言："汝莫愁也，我教汝出。汝用我语，必得速出。汝当斩头，自得出之。"即用其语，以刀斩头。既复杀驼，而复破瓮。如此痴人，世间所笑。

凡夫愚人，亦复如是。悕心菩提①，志求三乘②。宜持禁戒，防护诸恶，然为五欲，毁破净戒③，既犯禁已，舍离三乘，纵心极意，无恶不造。乘及净戒，二俱捐舍④。如彼愚人，驼瓮俱失。

【注释】

①悕心菩提：悕（xī），原指悲伤。悕心菩提指发愿修证通往涅槃境界的智慧。

②三乘：佛教术语。指引导信众求证修悟佛果的教法，这就是乘的含义。有从一乘到三乘的区别，中国佛教各宗各派对此都有不同的说法和论述注疏。大致有以下四种论说：

a. 大乘佛教主张的三乘说。一声闻乘，又称"小乘"，即能接受佛门的教义"声教"，悟得四谛（参见前注），得证阿罗汉果者；

二缘觉乘，又称“中乘”，即能自觉接受佛陀教义感飞花落叶之“觉缘”，悟得十二因缘的理趣（参见前注），得证辟支佛果者；三菩萨乘，又称“大乘”，即皈依佛门，勤修精进，得所有智、自然智、无师智、佛智，度脱一切，归于涅槃。

b．小乘佛教主张的声闻、缘觉、菩萨三乘，运出三界，归于涅槃。（参见前注）

c．将大乘佛教与小乘佛教合论为“声、缘、菩”三乘。

d．一乘说，认为人人皆有佛性，“立地成佛”“见性成佛”，三乘归于一乘。

除此之外，佛门密宗将三乘说归结为“三密”。一声闻，依口传声教而证悟，因此配合以“语密”；二缘觉，以内心得悟十二因缘，因而配备以“意密”；三菩萨，以大慈大悲，身体力行，普度众生，从而配之于“身密”。三者中身兼意口，统之以身，以身密为最重要。

③净戒：本处不仅指佛门修行“反观”自身不净的修持，兼有“自律”，即依戒律修行。

④捐舍：失去抛弃。

【译文】

骆驼和瓮都损失的比喻故事

从前，有个人用瓮盛着谷物。骆驼把头探进瓮中吃谷物，结果出不来了。由于骆驼头出不来，使主人为此而发愁烦恼。有一位老人过来对主人说：“你不要发愁，我教你一个可以让骆驼头出来的办法。你听我的话，头马上可以出来。你应当把骆驼头砍下来，头自然就出来了。”那人听了这话，就用刀砍下了骆驼头。结果既杀死了骆驼，又使装着头的瓮落地后摔破了。这样愚昧的人，被人们所嘲笑。

世上的人们和愚蠢的人，同样也是如此。他们发愿修证通往涅槃的智慧，立志得到运出三界、归于自在的境界。本应信守佛门戒律，防止、杜绝各种邪恶的东西，但经不起色、声、香、味、触“五境”引出的诱惑,毁坏破除了自律的戒条。既然违犯了戒条，就舍弃和背离了智慧的引导，放纵自己的情欲，从而无恶不作。通往智慧的道路以及反观自身不净依戒修行的功德，二者全部抛弃丧失。这就好像愚蠢的人一样，骆驼和瓮都损失殆尽。

【辨析】

在现实生活中，顾此失彼或两者俱失的事不胜枚举。诸如在许多大专院校,由于考试作弊之风屡禁不止，各校为严肃考纪都明文规定，一经发现，不仅本门课程成绩不及格，而且在取消奖学金、受行政处分之外，还不授予学位。如此看来，在学习上，如果不能正确对待考试及其分数，出于实际利益上的考虑，抱有侥幸心理作弊，一旦被发现，就会抱憾终身。即使未被发现，在人格上也失去一分自尊，心理上也有一分缺憾。因此除了严肃纪律外，还应注意对学生健全人格的培养，允许他们有一个可以向人们重新证实自身能力的机会，也是有必要的。

佛家能够将生活现象升华为对人生的追求，由具体到抽象，由现象到理性的人生选择，自觉地“律己”，这种教化方式很值得人们借鉴。从驼瓮俱失过渡到智慧之路与自我修养的丧失，可谓轻接妙传，结构自然得体，用心缜细，在推论的过程中包含了不可忽视的哲学意义。

七十六、田夫思王女喻

昔有田夫，游行城邑[①]，见国王女颜貌端正所希有。昼夜思念，情不能已[②]。思与交通[③]，无由可遂[④]。颜色痳黄[⑤]，即成重病。诸所亲见，便问其人："何故如是？"答亲里言："我昨见王女颜貌端正，思与交通，不能得故，是以病耳。我若不得，必死无疑。"诸亲语言："我当为汝作好方便[⑥]，使汝得之，勿得愁也。"后日之见，便与之言："我等为汝，便为是得，惟王女不欲。"田夫闻之，欣然而笑，谓呼[⑦]必得。

世间愚人，亦复如是。不别时节春秋冬夏，便于冬时，掷种[⑧]土中，望得果实。徒丧其功，空无所获，芽茎枝叶，一切都失。世间愚人，修习少福，谓为具足，便谓菩提[⑨]，已可证得，如彼田夫，悕望王女[⑩]。

【注释】

①城邑：国都、京城。此外还有城镇的意思，如"小则获邑，大则得城"（苏洵《六国论》）。本文指京城。

②情不能已：已，停止、结束、完结。指思念之情不能了结，绵绵不断。

③交通：本处指来往、联系。

④无由可遂：遂，如愿。没有办法可以如愿。

⑤瘀黄：瘀（yū），血脉郁结，面色枯黄。

⑥方便：办法。作好方便，指想出一个好办法。

⑦谓呼：大声说、喊道。

⑧掷种：播撒种子。

⑨菩提：原指释迦牟尼经过六年的刻苦修行后，在迦耶山附近的一棵菩提树下，经过七天七夜的静默思索，终于证悟了“无明”的烦恼，人生世事的无常，成为大彻大悟的佛。以后往往用菩提借指了悟缘起、断除无明、清澄宁静的智慧。

⑩悕望王女：指可悲地期望得到国王的女儿。

【译文】

农夫思念公主的比喻故事

从前，有个农夫到京城游玩，看见国王的女儿容貌端庄秀丽，世上少有。回家后昼思夜想，思念之情不能了结。想与公主来往联系，但没有办法可以如愿。因忧愁使血脉郁结，面色枯黄，得了重病。亲友见了，就问他：“怎么成了这个样子？”他回答亲友和邻居说：“我前几天看见公主容貌端庄秀丽，想与她交往，但做不到，所以病了。我如果得不到公主，必死无疑。”亲友们说：“我们应当为你想出一个好办法，使你得到她，不要发愁。”后来见到他，就对他说：“我们为你得到公主，已经尽力了，但是公主不愿意。”农夫听了欣然而笑，喊道他一定能得到她。

世上的人，也是如此。如果不管时令节气，不分春夏秋冬，在冬天播撒种子到地里，指望得到果实，只能是白费功夫，一无所获，根芽枝叶都没有。世上愚蠢的人，修行了一点儿福分，就认为已经足够了，可以证悟到无上智慧，这就好比农夫，可悲地指望能得到公主一样。

【辨析】

其实爱与被爱是每一个人的正当权利。当一个社会把人分出高低贵贱之后，爱也就变得势利起来。生活中的许多事可以谦让，但婚姻在人们的眼中是不能随意而为的。单相思式的爱恋反映了爱情生活中常有的一种现象，不足为怪。当然爱毕竟是双方的心悦相许，如果只有一方的钟情，带来的就是一种缺憾，这种缺憾在佛家看来是因爱而自扰，是苦的源。在我们看来又何尝不是一种投入，一种美、一种真？只要是善意的，不妨碍他人，把它保留在心底也是一种幸福人生的境界。在我国优秀的古代诗篇中，保留着为数不少的表现这种情感的作品。如中国文学史上第一部诗歌总集《诗经》的第一篇《关雎》，就表现了这种一厢情愿式的思绪：“关关雎鸠，在河之洲。窈窕淑女，君子好逑……窈窕淑女，寤寐求之。求之不得，寤寐思服。悠哉悠哉，辗转反侧。”用绿波环绕、沙洲鸟鸣引出和谐婉转、呢喃亲情，把一个青年男子对淑女的向往倾诉而出，自然、率真，将人皆有之的爱美之心，直接呈献给读者。这种思念到了不分昼夜、夜深难眠、翻来覆去、叹忧不止的痴境，与农夫思王女如出一辙。此外屈原《湘夫人》中“帝子降兮北渚，目眇眇兮愁予”“闻佳人兮召予，将腾驾兮偕逝”，将思念中的忧郁、哀婉，想象中的甜蜜与期待，以及主人公那种刻骨铭心的相思、执着的爱恋、无悔的追求，都描述得细致入微。而李商隐《无题》中“春心莫共花争发，一寸相思一寸灰”中的无奈和悲伤，真是思也悠悠，愁也悠悠；至于“春蚕到死丝方尽，蜡炬成灰泪始干”的美丽而悲怆的情怀，实在是令人泣血摧心，其缠绵悱恻的情极之笔，使人读毕长叹不已。李白《赠远》中的“相思黄叶尽，白露湿青苔”，《长相思》里“美人如花隔云端”“天长路远魂飞苦，梦魂不到关山难。长相思，摧心肝！”尽管诗中别有寓意，但相思之苦绝不亚于农夫。苏轼《蝶恋花》中“多情却被无情恼”也可算作一例。不仅男子相思，女子又何尝不痴情呢？刘禹锡《竹枝词》“花红易衰似郎意，水流无限似侬愁”，其淡淡的哀怨同样使人回味。明代佚名山歌“不写情词不写诗，一方素帕寄心知；心知接了颠倒看，横也丝来竖也丝，这般心事有谁知”写得质朴、委婉而意趣隽永。一方手帕，虽不着一字，但胜过满篇情歌，其巧妙运用“丝”与“思”谐音，有意在言外之功。民歌这种表达方式并不少见，如刘禹锡的另一首《竹枝词》：“杨柳青青江水平，闻郎江上唱歌声。东边日出西边雨，道是无晴还有晴。”诗中“晴”与“情”谐音，而语带双关，耐人回味。

总之，人生相思不是过，爱美无邪即是真。当然如果从现实功利的角度看，人们更容易接受世俗的看法：能爱不能爱，掂量掂量看。灰姑娘与王子、农夫与公主的爱，是难以被“现实”的人们所理解和接受的。

七十七、轂[1]驴乳喻

昔边国人，不识于驴，闻他说言驴乳甚美，都无识者。尔时诸人得一父驴，欲轂其乳，诤共捉之，其中有捉头者，有捉耳者，有捉尾者，有捉脚者，复有捉器[2]者，各欲先得，于前饮之。中捉驴根[3]，谓呼是乳，即便轂之，望得其乳。众人疲厌，都无所得。徒自劳苦，空无所获。为一切世人之所嗤笑。

外道凡夫，亦复如是。闻说于道，不应求处妄生想念[4]，起种种邪见。裸形自饿[5]，投岩赴火。以是邪见[6]，堕于恶道，如彼愚人，妄求于乳。

【注释】

①轂（gòu）：字义同捋（luō），即用手握住物体的一端，向另一端滑动。本文指挤奶。

②器：指驴的生殖器。

③驴根：与上同。

④妄生想念：妄，虚构、不切实际。没有根据生出的想法。

⑤裸形自饿：古印度佛教之外的其他教派。是六种修苦行教派中的两个。六种苦行教派分别为：

a. 自饿外道。节制饮食，忍饥挨饿以求道行者。

b. 投渊外道。以身殉道，投渊而死的修行者。

c. 赴火外道。以身体着炙热的苦行者。

d. 自座外道。即裸形外道，裸身坐于露地，不分春夏秋冬的苦行方法。

e. 寂默外道。在坟墓、尸冢间居住，沉默不语的修行者。

f. 牛狗外道。持守牛、狗戒。

⑥邪见：邪恶错误的信仰。本处指佛门之外的其他教义。

【译文】

挤驴奶的比喻故事

从前，有一个地处边远的国家。那里的人们都没见过驴子，听传闻说驴乳的味道十分甜美，但从来都没有见识品尝过。一次，人们得到了一头公驴，想挤驴奶，都争着找奶头。其中有抓驴头的，捉耳朵的，捉驴尾巴的，抓驴脚的，还有捉住生殖器的。每个人都想先得到驴奶来品尝一番。其中捉住驴生殖器的人，大叫着说他找到乳头，就想挤出奶来。大家都累得筋疲力尽，却一无所得。

其他教派和世上的人们，也是如此。听说了要追寻人生的真谛，在不应当渴求的地方，没有根据地产生一些想法，形成许多错误的认识。如不分寒暑、裸身坐于露天的地方，节制饮食、忍饥挨饿，以身殉道、投渊而死，用身体承受火焰的烧烤等苦行方法来修行。这些都是邪恶错误的信仰，会使人落入罪恶的道路之中，就好像那些愚昧的人一样，在公驴身上还妄想得到乳汁。

【辨析】

无知且执意而行是一种十分可怕的思想行为，这种可怕来源于一知半解，但又自以为是。本来无知并不是过，人都是由知之甚少逐步走向充实的，但狭隘的、有限的知，往往会导致可笑和荒谬，就好像故事中在公驴身上找乳汁的人一样。一个封闭的环境给人们带来的无知以及由此产生的恶果是整个群体的悲哀，要想从这种困境中解放出来，只有走出封闭。如《庄子 · 秋水》篇中所讲述的道理，黄河只有流入大海才知道自己的渺小和不足。一个人如果永远也离不开自己的天地，那么就如坎井之蛙，始终以为天只有一个井大。回顾过去，是希望充实今天，展望、憧憬未来。我们今天的改革开放也同样是来之不易的，是在战胜了外部的阻挠，克服了自身的缺陷后得来的。今天的进步又何尝不是知不足而努力奋斗的结果呢？认识不足，寻找差距，才能取得更大的成就。善于反省的民族，前途也一定会是光明灿烂、充满希望的。

七十八、与儿期[1]早行喻

昔有一人，夜语儿言："明当共汝，至彼聚落[2]。有所取索。"儿闻语已，至明清旦[3]，竟不问父，独往诣彼。既至彼已，身体疲极，空无所获，又不得食，饥渴欲死。寻复还来，来见其父。父见子来，深责之言："汝大愚痴，无有智慧。何不待我？"空自往来，徒受其苦，为一切世人之所嗤笑。

凡夫之人，亦复如是。设得出家，即剃须发，服三法衣[4]，不求明师，咨受道法，失诸禅定道品功德[5]。沙门妙果一切都失。如彼愚人虚作往返，徒自疲劳，形似沙门，实无所得。

【注释】

①期：约定。

②聚落：村庄、村落。

③清旦：清晨、早上。

④三法衣：指佛门中的袈裟、上衣、衬衣。三衣都是由手工缝制而成的，都呈方形，由许多碎布缝拼，因此也叫纳衣。

⑤禅定道品功德：参见前注。本处分别指：禅定，修行的实践；道品，修行后的结果；功德，修行后利人利世的作用。

【译文】

父子约定早晨一起出门的比喻故事

从前，有一个人夜里对儿子说："明天你和我去一个村庄，要一些东西。"儿子听了这话，到第二天清晨，也不问一声父亲，自己一个人前往那个村落。到了村子后，已经疲惫不堪，一无所获，加上没有吃饭，又渴又饿，快要死掉了。没办法只好又回家，来见父亲。父亲见他回来，斥责他说："你真是笨极了，一点儿脑子都不用。为什么不等我？"儿子白白地跑个来回，自找苦吃，被人们所嘲笑。

世上的人，也是如此。以为出家修行，只要剃去头发、胡须，穿上僧衣就行，不必访求智慧的法师去学习领会教义，参悟事理。这样并不具备修行的实践，不会得到智慧，难以起到利人利世的作用，使佛门的智慧、超脱都无法具备。就好像愚蠢的人白白地来回跑一趟一样，只能自找罪受，表面上是一个修行佛理的人，实际上却一无所得。

【辨析】

儿子的贸然前往固然是缺乏思考的结果，但不乏可贵之处。对他的勇于作为的热情，断然而简单地予以否定，也不是智者所为。以史鉴今，在当今的现实中我们更多地看到的也许是那些被宠惯了的子女，他们很强的依赖性，缺乏的吃苦精神，都是令人担忧的，毕竟明天的大厦，还要靠他们来支撑。因而对独生子女的培养和教育问题，是需要认真研究的，而我们在这方面的工作做得远远不够。人常说：子不教，父之过。对于做了蠢事的儿子，当父亲的不能一味地大声斥责，更重要的是热情帮助和正确引导，使孩子们能够变得更为成熟、智慧和能干。

本文谈到了一个“求师”的问题，佛家认为修行的人如果不能得遇明师，可能有三种情况：一是经过长期的体悟而独辟蹊径，为自身创出一条成道的路来；二是盲目修炼而自坏其身；三是如本篇所示，只落得个徒有其表，终未领悟佛理。在佛陀未产生的时代，无师成道者称为独觉；在佛、法、僧三宝住世的时期，依师参禅，开悟佛理，是修持的正轨。依佛理，追随高僧开悟有道者被称为声闻，同样有看佛典经卷，自行修证的渐悟之路，也算声闻，但层次是有区别的。如《出曜经·卷十七》中所述:“常当听微妙,自觉寤其意。能觉之为贤，始终无所畏。”即常听高僧的点化，探求佛门义理的玄妙精微之处，理解其意义。即便是高僧有意，也未必能点化弟子，还讲究一个“缘”字，有缘一拍即合，无缘各行其是。禅宗初祖菩提达摩与梁武帝相逢，也因心法不合，而纵一苇过江，若无此又何能开悟慧可使他成为禅门二祖呢？在传统文化中，历来是尊师重教的，无论是儒学或是佛门道家都各有其论师的高见，有可资借鉴之处，仅略取一二，以观于万一。《论语·子罕》记有孔子“循循然善诱人，博我以文，约我以礼，欲罢不能。”即孔夫子善于逐步地诱导启发人，教人以丰富的文献、典章，用礼仪来约束人，使人不能停止学习。其教学方法是十分出色的。《庄子·在宥》篇中说：“大人之教，若形之于影，声之于响。有问而应之，尽其所怀，为天下配。”是指高明的老师在施教时，像影子随着身体，回响伴着声音那样，有问必有所答，倾注心力为人开迷解惑。无论是管理工作者，还是教育工作者，都应从中汲取教益。

七十九、为王负机[1]喻

昔有一王，欲入无忧园中，欢娱受乐，敕一臣言："汝捉[2]一机，持至彼园，我用坐息。"时彼使人，羞不肯捉，而白王言："我不能捉，我愿担之。"时王便以三十六机，置其背上，驱使担之，至于园中。如是愚人为世所笑。

凡夫之人，亦复如是。若见女人一发在地，自言持戒，不肯捉之。后为烦恼所惑，三十六物[3]，发毛爪齿，屎尿不净，不以为丑。三十六物，一时都捉，不生惭愧，至死不舍。如彼愚人，担负于机。

【注释】

①负机：背上小凳。

②捉：拿。

③三十六物：佛教经典上有"凡夫身三十六物不净充满"《涅槃经·二十四》。认为人身由外到内都充满污垢。分为身外部分十二不洁，如毛发齿爪、屎尿垢汗、泪涎唾眵（chī，眼屎）；身体部分十二不洁，如皮血肤肉、筋脉骨髓、肪脑膏膜；身体内部十二不洁，如肝胆肠胃、肾心肺脾、生藏赤痰白痰藏（生藏，生殖器官。藏，包含，身体内器官所包含的东西）。体外、身体、

体内秽物之总为三十六种。

【译文】

为国王背凳子的比喻故事

从前，有一个国王想到名为无忧的园林里娱乐游玩，就命令一位大臣说："你去拿一个凳子，带到园林，我要用来坐着休息。"这位大臣不好意思拿个凳子，就回禀国王说："我不能拿，我愿背上。"这时国王就让他背上三十六个凳子，派人督促着背到园林。像这样的愚人理应受到人们的嘲笑。

世上有的人，也是如此。好比看见有一根女子的长发掉在坐的地上，认为应当保持清洁的戒律，不肯去拿。在以后的现实中，总是为各种烦恼所迷惑。对人身上的三十六种不洁之物，如毛爪发齿，屎尿等污秽，不能认识到不洁。把人体的各种污垢全都包揽，不以为耻，反而至死都对自身看得很重。这就好像那位愚蠢的大臣，不愿拿一个凳子，却背上三十六个凳子一样。

【辨析】

佛门反观内省自身不净的修行方式，对于中国文人无疑是有吸引力的。佛教传到中国后，其能够流传并得到发展，在很大程度上是由于其教义和修行方式的"内省"性。它传入中国后在与中国传统文化的接触和冲撞中，逐渐相互吸收，相互融合。《论语·学而》就有"吾日三省吾身"；《孟子·公孙丑上》中亦有"无羞恶之心，非人也”。这与佛家的反观自视污秽，虽有很大不同，但自视不足，去垢求洁，义理相通。佛家在于破执我见，超脱凡俗，知秽而化洁；儒学在于破除由于自视圣贤，妄自尊大从而行之于恶。从道德修养上看，两者相去不远。当今社会，尽管物质生活有了很大改善，但贪婪、欺诈、不劳而获以至于盗窃抢劫的丑恶现象时有发生。家家防盗门，门户仍不保；楼楼有看护，常闻有失窃。试想若人人都有反省之心、自我修正之意，那么损人利己的行为自然会减少。

八十、倒灌喻

昔有一人，患下部[①]病。医言："当须倒灌[②]，乃可差[③]耳。"便集灌具，欲以灌之。医未至顷，便取服之。腹胀欲死，不能自胜[④]。医既来至，怪其所以，即便问之："何故如是？"即答医言："向时灌药，我取服之，是故欲死。"医闻是语，深责之言："汝大愚人，不解方便[⑤]。"即更以余药服之，方得吐下，尔乃得差。如此愚人，为世所笑。

凡夫之人，亦复如是。欲修学禅观[⑥]种种方法，应观不净[⑦]，反效数息[⑧]，应数息者反观六界[⑨]，颠倒上下，无有根本。徒丧身命，为其所困，不咨[⑩]良师，颠倒禅法。如彼愚人，饮服不净。

【注释】

①下部：本处指肛门。

②倒灌：灌肠。

③差：痊愈。

④胜：忍受。

⑤方便：方法和道理。

⑥禅观：静坐入禅，思虑佛理。

⑦不净：参见前注。本处指参悟认识人生的种种不洁净和污秽之处，从而破除执着身体的认识。

⑧反效数息：反效，反过来仿效。数息，指“念出息入息”，即专心致志计数呼吸次数的修持方法。全句指颠倒过来计数呼与吸的次数。

⑨六界：又称六大，即地、水、火、风、空、识。是有情感的人生存的依托和根本。

⑩咨：咨询、征求意见。

【译文】

喝灌肠药的比喻故事

从前，有个人肛门有病。医生说：“只有灌肠才可以治好。”便配制好灌肠的药水，准备给他灌肠。在医生还没来给他治疗时，他就把药水拿来喝了下去，以致肚子胀得要死，不能忍受。医生来了后，觉得很奇怪，就问他：“怎么成这个样子？”他回答说：“刚才准备的灌药，我拿来喝了，所以肚子胀得要死。”医生听了他的话，就严厉地斥责他：“你是个最蠢的人，不懂道理。”就换了其他的几味药让他吃下去，他把喝下的灌肠水吐了出来，病才好了。像这样的愚人，被世人所嘲笑。

平庸的人，也是如此。想学习静坐入禅，思虑佛理的各种方法，应参悟人生的各种污秽，破除对自身的执着，却反过来计数呼与吸。计数呼吸本应进入清澄境界，结果却迷恋于人生物欲依托六界所形成的花花世界，使本末倒置，没有根本。徒然执意于身体和生命，被各种欲望困扰，不接受高僧的指点，颠倒了佛门义理。这与愚蠢的病人喝灌肠药水而痛苦不堪的道理一样。

【辨析】

把本想治病却将下用之药变为口服，加重病情的故事用来比喻佛门修行本欲脱离烦恼，不受欲望支配，但反而更痴于物欲，不能自拔的现象。这是一个具有普遍性的社会现象。它反映了主观愿望与客观事实之间的距离问题，不仅如此，还存在主体的想法，即主观的认识与现实幡然改异的情况，所谓“有意栽花花不发，无心插柳柳成荫”就表现了有心做的事却总是不能如愿，而本无心去干的事却取得成功这种令人困惑的情形。

也许正是由于主观的想法总是与客观的实际不相吻合，才驱动着人们去不断地改变现实，有所发现，有所前进，为着理想的实现努力奋进。这也算是在对现实和理想的思索中得到的一丝欣慰吧。

八十一、为熊所啮[①]喻

昔有父子，与伴共行。其子入林，为熊所啮，爪坏身体，困急出林，还至伴边[②]。父见其子身体伤坏，怪问之言："汝今何故，被此疮害？"子报父言："有一种物，身毛耽毵[③]，来毁害我。"父执弓箭，往到林间，见一仙人，头发深长，便欲射之。旁人语言："何故射之？此人无害。当治有过[④]。"

世间愚人，亦复如是。为彼虽著法服，无道行[⑤]者之所骂辱，而滥害良善有德之人。喻如彼父，熊伤其子而枉加神仙[⑥]。"

【注释】

①啮（niè）：动物用牙啃或咬。

②伴边：同伴旁边。

③耽毵（dān sān）：指毛发细长浓密。

④当治有过：治，惩罚。过，过错。

⑤道行：佛学术语，指学道修行的人，也指有道德的行为。

⑥神仙：本文指长年修行而有道的人。

【译文】

被熊咬伤却要伤害别人的比喻故事

从前，有父子俩跟别人结伴而行。途中儿子跑进树林，被熊咬伤，还被爪子抓伤了身体。危机中他逃出树林，回到了同伴的身边。父亲见儿子身体受了伤，惊讶地问他："你怎么了？被伤成这样。"儿了告诉父亲说："有一种动物，身上的毛细长浓密，上来伤害了我。"父亲手执弓箭，到树林里，见到一位修行的人，头发又密又长，就要用弓箭射他。旁边的同伴说："为什么要射他呢？这人并没伤害人。你应当去惩罚伤害人的动物。"

世上愚蠢的人，也是如此。他们虽然身着修行者的服装，在受到没有道德的人谩骂和侮辱后，却随意地伤害善良而有品德的人。这就好比儿子的父亲，熊伤害了他的儿子，他却要错误地伤害修行有道的人。

【辨析】

凡事不可盲动，所谓"疾行无善迹"。盲目的行动结果往往是可悲的。因为仓促之间,难免有所过失。《论语·公冶长》中的"三思而后行"，说的就是这个道理。在东方，人们习惯于谨慎从事，崇尚理性，这是很好的传统，但近年来，人们常常耳熟的流行语言是"跟着感觉走"。感觉是理性的初级阶段，是一种未经深思熟虑的意识活动，它的结论往往缺乏科学性。所以人常说，感觉到了的东西，并不等于认识了它；只有理解了的东西，才能掌握它。还有人信奉一句名言："在行动中思考。"这句话本来是针对那些只说不做、只会空洞地谈理论而缺乏实践和行动勇气的人而言的，它产生的历史背景是法国当时所处的那个革命运动风起云涌的年代。现实需要一个能够挺身而出，站在社会变革的前排去呼风唤雨，改天换地的人物，而拿破仑正是这样的人物，是历史和时代造就了他。

另外，在比喻部分，佛家讽刺了那些不被人们接受的修行者。他们在受到攻击后，反过来把受到的委屈转嫁到更善良的人身上。这种现象在专制社会、强权社会里是时有所见的。最受压迫的人，也往往都是最善良的人。历史告诉我们，自己的权利要靠自身去争取，而不能指望什么救世主。不仅要有清醒的头脑，还要有明确的目的，这是本文给人们留下的另一个有益的启示。

八十二、比种田喻

昔有野人[1]，来至田里，见好麦苗，生长郁茂[2]，问麦主言："云何能令是麦茂好？"其主答言："平治其地，兼加粪水，故得如是。"彼人即便依法用之。即以水粪调和其田，下种于地。畏其自脚，蹈地令坚[3]，其麦不生。我当坐一床上，使人舆[4]之，于上散种，尔乃好耳。即使四人，人擎一脚，至田散种，地坚逾甚，为人嗤笑。恐己二足，更增八足。

凡夫之人，亦复如是。既修戒田[5]，善芽将生，应当师咨，受行教诫。令法芽生[6]。而返违犯，多作诸恶，便使戒芽不生。喻如彼人，畏其二足，倒加其八。

【注释】

①野人：此处指居住在山野之人，亦即山民。

②郁茂：郁蓊茂盛。

③蹈地令坚：蹈地，踩地。踩土导致土地坚硬。

④舆：抬，举。

⑤戒田：修持佛门的戒条。戒田借指依戒律的修行，又引申出只要播种就会收获。据说释迦牟尼在回答农夫的提问"你每天在干什么"的诘难时回答："我的田地是法，我除去的野草是欲望，

我的锄头是智慧，我收获的成果是涅槃。”

⑥法芽生：借指产生和接受了佛家的义理和教规、戒律。

【译文】

抬在坐榻上种田的比喻故事

从前，有一个山民来到麦田，看见麦苗青青，长得郁蓊茂盛，就问麦田的主人说：“怎样才能使麦苗长得茂盛呢？”麦田的主人回答他说：“平整好土地，施以粪水，这样就可以了。”这人便照他的方法去做。他用粪水浇到地里，在田里播下麦种。他害怕自己的脚踩到田里使土地变硬，使麦苗不能生长。心想：“我应当坐在一张坐榻上，让人抬着，从榻上撒下麦种，这样才好。”于是他请了四个人，每人抬一个榻脚，来到麦田播种，反而把田地踩得坚硬了，受到人们的讥笑。恐怕自己两只脚把田地踩得坚硬，反而增加成八只脚在田里踩。

平庸的人，也是如此。既然信奉了佛门义理，产生了善良的理念，就应当接受高僧的教诲，接受和修行教义与戒律。从而使佛家的教理在心田里萌发生长。然而却违犯戒律，做出种种不良行为，使澄净的自持心念难以萌生。这就好比那个山民，害怕自己的两只脚踩硬了麦田，却请来了四个人，八只脚在麦田里踩一样。

【辨析】

这篇比喻故事在修辞上耐人寻味。我们知道借喻是用喻体代替本体的一种比喻手法。而借代是用与本体密切相关的人和物，代替本体的一种修辞手法。两者在结构上都是“以此代彼”，或称“乙代甲”。诸如，爱护一针一线，代指爱护一切东西，是借代。心眼像针尖，小得可怜，是比喻。借针尖代替本体心胸、心眼的狭隘。首先比喻部分以戒田代替本体戒律，是借代，不仅如此，还引申出比喻，即把修行佛法比喻为种田。这种借代暗含比喻，而比喻故事中又穿插借代的修辞手法，如不仔细分辨是不易区分的。

借代和借喻虽然都有借指的特点，但借代的基础是相关性，侧重于“相关”；借喻的基础是相似点，即代体与本体之间要有一点儿极为相似，着重于“相似”。借代中表现出代而不喻，借喻里却往往是喻中有代。本文的复杂性在于“戒田”“法芽”“戒芽”都是合成词，本身就有借喻成分。而“戒田”代指修行佛理的全过程，“戒芽”借指自持的定力，“法芽”可以说是对佛门义理的参悟。整个比喻故事是以想种好田，却不得其法、反受其害的山民来比喻想修佛理，但由于没有师门指点迷津而归于无望的人。强调了尊师重法、口传心授、聆听宣讲在弘扬佛法时的重要性。

八十三、猕猴喻

昔有一猕猴，为大人所打，不能奈何，反怨小儿。

凡夫愚人，亦复如是。先所瞋人，代谢①不停，灭在过去，乃于相续，后生之法②，谓是前者，妄生瞋忿，毒恚弥深③。如彼痴猴，为大人所打，反瞋小儿。

【注释】

①代谢：新旧交替的过程。佛教认为一切事物都处在不断变化的状态，生灭相续，此时灭而此时生，彼时生而彼时灭，如流动的水。因此要破除“我见”，破除“执着”于我。

②后生之法：此处的法指事物，即当时之事已经成为过去的事，已“灭”而生成新的事物。

③毒恚弥深：毒恚，恶毒的怨恨；弥深，更加深了。

【译文】

猕猴迁怒于孩子的比喻故事

从前，有一只猕猴被大人打了后，它对大人无可奈何，就把怨气撒小孩子身上。

世上平庸的人和愚昧的人，也是如此。他们原先所怨怼的人，实际上处在不断变化新旧交替的状态，已经消失了；此时的他不过是彼时的他的延续，是变化后的状况和事物。他们还认为这仍旧是原来的他，错误地产生怨恨，并使之变得更深。这就与愚笨的猕猴被大人打了，却迁怒于小孩子一样。

【辨析】

在印度早期佛教看来，自身与整个外界的物质世界只不过是一种“流”，只是一种类似事物发生变化的连续罢了。一切事物只有在永恒的流动中存在。这无疑是佛教哲学中辩证思想的反映。尽管它是朴素的、不完全的，是佛陀作为人类思想者的前驱所做出的天才的推论。释迦牟尼认为整个世界是在“存在”与“不存在”之中不断演化着的。无论是微小的恒河沙粒，还是浩瀚无边的宇宙；无论是卵生、胎生，还是微生物，都处在不断地产生和灭度中，如水流不止般处于无休止的变化之中。正是基于这种认识，产生了“无常”理论，“无我”和破除“我见”的教义。这种学说所体现的思想意义，理所当然地受到了历代哲学家和思想家的关注。尽管“无常”学说缺少相对的观点，不具备发展、前进的眼光，但在缺少科学手段进行实证的两千多年前，它无疑是人类思维发展过程中的一个里程碑。

正因为“无常”，进而“无我”，才有“慈悲为怀”、不计前嫌、“放下屠刀，立地成佛”的义理。而耿耿于怀、记怨报复当然也就归于错误了，比喻部分的含义即在于此。故事中猕猴迁怒于孩子，倒很容易使人联想到生活中常见到的欺软怕硬的人性特征，因而是有现实意义的。在经济生活中“大鱼吃小鱼，小鱼吃虾米”的状况也还存在。期望人们在鼓励竞争、提倡“优胜劣汰”的时候，不要忘了互助和爱心。自然法则不能简单地运用到社会生活中。既要“能者上”，也要能够“扶弱济贫”，共同走向幸福的明天，这才是完美的人性。

八十四、月蚀打狗喻

昔阿修罗[①]王，见日月明净[②]，以手障之，无智常人，狗无罪咎，横加于恶。

凡夫亦尔。贪瞋愚痴，横苦[③]其身，卧棘刺上，五热炙身[④]，如彼月蚀[⑤]，枉横打狗。

【注释】

①阿修罗：佛门称为异类。印度古代神话中的一位好嫉妒、好战的神，常与天神决战。有无善神的称谓。

②日月明净：日月指月亮，明净指月光皎洁明亮。

③横苦：横加给身体的痛苦。

④五热炙身：一种修苦行的方法，置五体于火中煎熬。

⑤月蚀：即月食。月亮圆的那一天，通常在农历的十五日、十六日，当地球运行到月亮和太阳的中间，如果地影遮蔽月亮，便发生月食。全部遮蔽的称为月全食，部分遮蔽的叫作月偏食。

【译文】

因月食而打狗的比喻故事

从前，有一个恶神阿修罗王，看见月亮皎洁，就用手遮住月光。没有知识的人把这怪罪到狗身上，见狗就打。

世俗的人也就是这样。由于贪婪、怨恨、愚昧和无知，想修行得道就对身体横加苦行，躺在刺丛之上或置身体于高温之中。这就好像无知的人看见月食，却蛮横地见狗就打一样。

【辨析】

在中国民间广泛流传着“天狗吃月亮”的故事。当出现月食后，人们敲着盆、钟等器物，十分热闹，说是这样可以赶走贪吃的“天狗”。这样一来，搞得鸡上树、狗跳墙、人喧嚣，虽无大碍但终无益。当月亮复原后,人们也就罢手,一切又归于宁静。“天马”“天狼”“天狗”“天龙”等，都反映了古代人民对自然的崇拜，表现了人类在童年时期所具有的想象力。它把人间与天界相对应，天界的事物究其本，又何尝不是现实社会的折光或反映呢？随着科学的发展，人们正确认识了自然现象后，带有迷信色彩的东西也就自然消失，但人类崇尚自然、保护自然的意识永远都闪烁着迷人的光彩。美妙的传说、丰富的想象力也会代代相传，永放光芒。

佛家借因月食而打狗来比喻想修行得道而摧残身心的做法，这是印度哲学由“外化”转为“内化”的表现。佛门更趋于理念的辨别与透析，这是它比其他宗教高明的地方，同时也是从原始佛教发展到宗派林立的重要原因。中国佛教中的禅宗的心授、悟境乃至众多的话头、公案、机锋、转语等，都注重心的体验，就是注重本体感悟。尤其值得重视的是，当代保健养生法与中国禅修持中的调身、调息、调心的方法渐趋接近，其养血安神、心平气和、调节心理、淡化矛盾冲突、减轻心理压力的作用不能被简单地否定。区分宗教信仰与宗教文化现象是一个很有意义的研究课题。

八十五、妇女患眼痛喻

昔有一女人，极患眼痛。有知识[1]女人问言：“汝眼痛耶？”答言：“眼痛。”彼女复言：“有眼必痛，我虽未痛，并欲挑眼[2]，恐其后痛。”旁人语言：“眼若在者或痛不痛；眼若无者，终身长痛。”

凡愚之人，亦复如是。闻富贵者，衰患之本，畏不布施[3]，恐后得报。财物殷溢[4]，重受苦恼。有人语言：“汝若施者，或苦或乐；若不施者，贫穷大苦。”如彼女人，不忍近痛，便欲去眼，乃为长痛。

【注释】

①知识：本处指知道认识。

②挑眼：挖去眼睛。

③布施：本处指舍财物去救济帮助他人。

④殷溢：殷，众多、富裕。溢，充满、过度。指十分富裕。

【译文】

一个妇女得眼病的比喻故事

从前，有一位妇女得了眼病，痛得很厉害。有一个认识她的妇女问她：“你的眼疼吗？”回答：“眼痛。”这个妇女又说：“有眼睛就会痛。我的眼虽然现在还不疼，但想把眼挖掉，免得以后疼痛。”旁边的人听了后说：“眼在的时候，病时痛，无病时不痛。眼睛如果没了，就会终生都痛苦。”

世俗的愚人，也是如此。闻言富贵是衰败忧患的根本，担心不施舍给穷人财物，恐怕以后要遭到报应。财物十分富足，反而带来苦恼。有人说：“你如果帮助别人，或许会招致痛苦，或许会带来快乐；如果不帮助他人，就会引来贫穷和痛苦。”这就好像那位妇女，为了不忍受可能患眼疾带来的痛苦，想去掉眼睛，如此一来就会带来长期的痛苦。

【辨析】

只看到眼前的事情，只顾及现实利益，就其本身来说，是可以理解的，也是客观的。因为毕竟未来对于生活在现实世界的人们来说，是有距离的。人往往宁肯相信可以看得见、摸得着的实际利益。因此佛门就有“现身说法”，即随机现出种种形态、方式来解说佛教义理的教诲方式。这种宣讲方法无疑是有效的，人们也常常用这样方法来比喻，以亲身体验为例证，向人们说明道理进行教化、劝诫。对于有思想、有追求的人来说，现实性虽然是重要的，但其只是生活的一个层面，科学的理性的判断和推理也同样重要。对于负有社会责任的人来说，更显得不容忽视。只顾眼前，不管今后，这样的指导思想对社会和人自身的破坏性更大。正因为如此，对于一个成熟的个人来说，具有预见性才是最可贵的。

佛家对信众进行诱导的方法是巧妙的。对于无法证明的后报，劝诫人们进行选择：在必定是坏与也许是好或坏二者之中，人们当然会选择后者。当前提限定后，人们别无选择。佛门义理的思辨色彩和成分是十分明显的，如果只看到宗教的特征而忽视了理性的思辨特点，就会陷入简单化、表面化的困局。

八十六、父取儿耳珰[1]喻

昔有父子，二人缘事[2]共行，路贼卒起，欲来剥之。其儿耳中有真金珰。其父见贼卒发，畏失耳珰，即便以手挽之[3]，耳不时决[4]，为耳珰故，便斩儿头。须臾之间，贼便弃去。还以儿头著于肩上，不可平复[5]。如是愚人，世间所笑。

凡夫之人，亦复如是。为名利故，造作戏论[6]，言二世[7]有二世无，中阴[8]有中阴无，心数法[9]有心数法无，种种妄想不得法实，他人以如法论破其所论。便言："我论中都无是说。"如是愚人，为小名利，便故妄语，丧沙门道果。身坏命终，堕三恶道。如彼愚人，为少利故，斩其儿头。

【注释】

①耳珰（dāng）：戴在耳垂上的饰物。

②缘事：缘，因为。即因为有事。

③挽之：拉它，拽它。挽，拉。

④决：脱离开。本文指饰物不能从耳朵上脱开。

⑤平复：恢复原状。

⑥戏论：没有理论意义的论点。

⑦二世：今生与未来称二世。《法华经》中有"现世安稳，后

生善所”之说。

⑧中阴：佛教名词。佛教认为在死此生彼之间，即此死结束，他生开始的中间有一个由各种因素构成的阴形，也称中有。各宗派均有异说，都在有与无之间论及。大乘宗认为有无因人事而定。极善或极恶的人，直接转生，平常人有一个聚合的过程，即有一个中阴的转瞬过程。

⑨心数法：又称心所，指心法，即人的思维活动。《秘藏宝钥》中有：“心王自在，得本性之水。心数客尘，息动浊之波。”谓法王大日如来，心若澄明之水，各种意识皈依佛理则化浊为清，变动为静，从而使心境水平如镜。

【译文】

父砍子头保护金耳环的比喻故事

从前，父子俩因为有事一起上路。在路上突然遇上了强盗，要抢他们的东西。儿子的耳垂上戴着一副纯金的耳环。父亲看到强盗忽然出现，害怕失去金耳环，就用手去拽耳环，但拽不下来。为了保住金耳环，他就砍下了儿子的头。很快强盗就窜走了。这时，父亲把儿子的头放在儿子的肩上，可再也不能复原了。

世俗的人，也是如此。为了名利，制造并进行没有意义的争论，讨论着有无今生与未来，死与生之间有没有一个聚合转瞬的过程，人的意识思维能不能做到心澄宁静，如微澜不起。凡此种种错误的想法都不能认识一切事物的实质，其他人也会以这样的方法来驳斥上述的争论，说：“我们的论证中并没有肯定什么。”像这样的愚人，为了得到一些虚妄的名利，故意地制造错误的命题，就会失掉出家修行的成果。不仅败坏了身心，而且最终会堕入地狱、饿鬼、畜生三条罪恶的道路上。就好像愚蠢的父亲，为了保住金耳环，砍下了儿子的头一样。

【辨析】

为了金耳环，而砍去了儿子的头。这个故事所叙述的当然是十分愚蠢的事，但谁敢说在生活中就没有把金钱看得比生命更重要的人呢？在“为了向前看，先要向钱看”的口号下，人们已经看到了在金钱的诱惑下，社会行为失控的一些现象。诸如具有一定规模的假冒伪劣产品横行于市，不仅是真假难辨，有的地方甚至出现一分真品、九分假货的状况。十几亿人口，没买过假货、没上过当的人，已经很少有了。拜金主义发展到极端，违犯国家法律进行犯罪就成为必然；金钱至上的思想如果不被控制，会形成对社会巨大的破坏力量，因此应当引起人们的高度重视。

八十七、劫盗分财喻

昔有群贼，共行劫盗，多取财物，即共分之，等以为分。唯有鹿野钦婆罗[①]色不纯好，以为下分[②]，与最劣者。下劣者得之恚恨，谓呼大失，至城卖之。诸贵长者多与其价，一人所得，倍于众伴。方乃欢喜，踊悦无量[③]。

犹如世人，不知布施有报[④]无报，而行少施[⑤]，得生天上，受无量乐，方更悔恨，悔不广施。如钦婆罗后得大价，乃生欢喜。施亦如是，少作多得，尔乃自庆，悔不益为。

【注释】

①鹿野钦婆罗：鹿野，地名。又称仙人论处、鹿林等，在中天竺。佛陀成道后，在此说法度憍陈如等五位比丘。钦婆罗，衣服名，由毛和丝杂织而成。

②下分：最下等的一份。

③无量：大得不可计量，本文指高兴得无法形容了。

④报：佛教名词，指一切善恶都会带来苦乐的报偿，做的任何事，皆有报应。即有施必报，有感必应，无论现世所作所为，都会在现世或未来得到报应的佛教义理。

⑤少施：不多有限的善行。指曾经关心、帮助过他人。

【译文】

强盗分财物的比喻故事

从前，有一群强盗一起抢劫盗窃，夺取了许多财物，就共同分配，按等级分成份。只有一件出产于鹿野的毛织衣服因颜色不纯正不好看，便作为最下等的一份，分给地位最低下的人。这个人拿到衣服后十分怨恨，大喊吃亏了，就到城里去卖。许多有地位身份的人都愿出高价购买，他一个人卖的钱数是其他伙伴的几倍。于是十分欢喜，高兴得难以形容。

这好比世俗的人，不知道帮助别人会不会得到相应的善报，从而只做一点儿有益于他人的事情，由此善行升到天界中，感受到了无法计量的欢乐，这时才悔恨自己在人间时为什么不广泛地帮助别人。就像毛织的衣服卖了大价钱之后,才给人带来了欢乐。布施，即帮助他人也是如此，只做出了一点儿事，就会得到更多的善报。人们在这时才自我庆幸，并后悔当初为何不多做一些助人的事。

【辨析】

在佛教创立时期，十二因缘说就形成了层层相因、环环相扣的缘起论：这个世界上任何现象，都不会是孤立的、偶然的，都存在着必然的因果关系，事物都是互为因果的。这种论点本身就为以后佛教在传播的过程中产生歧义埋下了伏笔，以后很自然地就会在是否存在一因多果或多因成一果的问题上讨论不休。我们认为对后来的问题可以理解为在一因多果的情况下，必定有一果最能反映和代表前因。一粒种子，带来了满树的硕果，那么最好的果实就回应了种子。而由种子到果实，毕竟还要有众多的因素的配合才能实现，诸如阳光、雨露、土壤条件，缺一而不可。孤立片面地看待因果报应只能导致唯心论。

在人生与社会中，因果报应从本质上说，反映了一切善良人们的心愿，深深地根植于现实的土壤中。正所谓“栽什么树苗结什么果，撒什么种子开什么花”是毋庸置疑的，其认识基础是唯物主义的。佛家义理中的“报应”说的内涵是多元的，既有现世现报，违犯佛律就要受到斥责、惩罚，做了好事就会受到拥护的说法，同时还有来世报的说法，这也不能简单化。因为作为社会中的人，个人不存在了，可周围的人、后来的人同样会做出对前人的评价。另外如本篇所喻，做出一点儿、得到很多的结果，也不乏现实意义。“只要人人都献出一点儿爱，世界将变成美好的人间。”因此，我们认为“因果报应”的思想，作为民族的一种文化心态，会常驻于人们的心间。

八十八、猕猴把豆喻

昔有一猕猴，持一把豆，误落一豆在地，便舍手中豆[①]，欲觅其一。未得一豆，先所拾者鸡鸭食尽。

凡夫出家，亦复如是。初毁一戒，而不能悔[②]。以不悔故，放逸[③]滋蔓，一切都舍。如彼猕猴，失其一豆，一切都弃。

【注释】

①便舍手中豆：就放下爪中的豆子。

②悔：佛教名词，意为“改往修来”，即悔过所犯的过错或罪恶，修行未来的善果。

③放逸：不守规矩，离开善行的行为。

【译文】

猕猴捡豆子的比喻故事

从前，有一只猕猴拿着一把豆子，不慎将一颗豆子掉在地上，就放下爪中的豆子，想找到掉下的那一颗。结果掉的豆子没找到，先前放下的一把豆子也被鸡鸭吃光了。

平庸的人出家修行，也是如此。开始违犯了一条戒律，不能

悔过所犯的错误或罪恶，修行未来的善果。由于不能“改往修来”，信守规矩，从而使过错或罪恶滋长蔓延，使修持的所有成果功德全都丧失。就像猕猴，为了掉落的一颗豆，把所有的豆子都丧失了。

【辨析】

只顾一点，不及其余，因小而失大，都反映了在生活当中顾此而失彼、“捡了芝麻，丢了西瓜”的现象。生活里十全十美的事是很难遇到的，人的能力、精力也是有限的，懂得取舍，懂得权衡才是成熟的标志。

佛家用“捡一而失全”来比喻修行的信徒犯了一条戒律而不能悔过，导致丧失了全部成果。这种严格的戒律，为信徒们制定了严格的行为规范。其要求信众“自律”的思想和小过不改就可能铸成大错的道理，在今天仍有现实意义。我们的教育又何尝不是在一点一滴地进行着？从小学、中学、大学，要经过很多师长的教导、帮助，人常讲的“十年种树，百年育人”不也反映了这个道理吗？一棵小树，如果旁枝斜出，不加以修剪，就难以成材；人有了过错，不及时纠正，也同样不会有所成就。即使是成年人或者是已经有了一定成就的人，也应当时时反省自身，否则也会一错不改，全盘受损。这就好比参加选美活动得了冠军的优胜者，尽管天生丽质，仪态万方，打扮入时得体，如果在人前不经意地口出秽语或者举止不雅，给人们的印象就会大打折扣。

八十九、得金鼠狼喻

昔有一人，在路而行，道中得一金鼠狼。心生喜踊[①]，持置怀中，涉道而进，至水欲渡，脱衣置地，寻时金鼠变为毒蛇。此人深思，宁为毒蛇螫杀[②]，要当怀去。心至冥感[③]，还化为金。旁边愚人，见其毒蛇变成真实，谓为恒尔[④]，复取毒蛇内著怀里，即为毒蛇之所蜇螫，丧身殒命。

世间愚人，亦复如是。见善获利，内无真心，但为利养，来附于法[⑤]，命终之后，堕于恶处[⑥]。如捉毒蛇，被螫而死。

【注释】

①喜踊：欢喜雀跃。

②螫（shì）杀：蜂用毒刺伤人。本文指毒蛇咬人使人中毒身亡。

③冥感：心诚感化了鬼神。

④恒尔：恒，永久的。尔，这样、如此。指总是如此。

⑤附于法：依附于佛门。

⑥恶处：指地狱、饿鬼、畜生，这三种受苦难的地方。

【译文】

得到一个金制黄鼠狼的比喻故事

从前，有一个人在路上行走时得到一个金子制成的黄鼠狼。他心里十分欢喜，捧起金鼠狼放到怀里，沿着大路往前走。到了河边要渡河，他把衣服脱下来放到地上，这时金鼠狼突然变成了毒蛇。这人认真地想了想，宁肯被毒蛇毒死，也要把它放在怀里带走。由于心怀至诚感化了鬼神，蛇又变成了金鼠狼。旁边愚蠢的人，见到毒蛇变成金鼠狼，认为总会如此，就抓了一条毒蛇放在怀里，结果被蛇咬伤，丧失了性命。

世上愚蠢的人，也是如此。看到别人行善积德得到了现世的利益，自己并不想行善积德，但是为了得到利益和供奉，也依附于佛门。这样在生命结束后，这种人会堕落到地狱中受尽苦难。就好比捉毒蛇放到怀里一样，被蛇咬死。

【辨析】

人常说，精诚所至，金石为开。上苍不负苦心人。精神的作用是不能低估的，我们所从事的教育工作，就是要使人不仅能够认识自我，还要做到让每一个人都充分发挥出自己的才干，为社会的进步和人类的幸福努力奉献。当然也不能过分强调主体的能动作用，从而不切实际地蛮干。这里也涉及了佛家悲悯心怀的问题。悲悯一切生灵，不因是金鼠狼变为毒蛇而放弃，更不能为了得到利益，才去信奉佛陀。因而本篇编排了因至诚而得金鼠狼，因贪婪而招致蛇咬身亡的故事，来比喻那些没有诚意皈依佛门，只为了得到好处的人,到头来只会落得个到地狱去的下场。以此来昭示后人，告诫修行者。

《百喻经》论及佛理的方法是由远到近、由表及里的。义理的比喻部分也是由教外逐步过渡到教内，开始把矛头主要指向六师外道以及古代印度哲学中的其他教派，接着又针对那些在信与不信、信其他教派还是信奉佛门之间彷徨不定的人，继而到劝喻那些身在修行处、心在利益想的庸人。我们在这里也会注意到，佛教与其他宗教有一个共同点：都要求信众们虔诚恭敬，心坚志笃，对于那些有现世利益之想的信徒，决不宽恕。他们稍不留神，就会堕入地狱、畜生、饿鬼的劫难之中。

九十、地得金钱喻

昔有贫人，在路而行，道中偶得一囊[①]金钱。心大喜踊，即便数之。数未能周[②]，金主忽至，尽还夺钱。其人当时悔不疾去，懊恼之情甚为极苦。

遇佛法者，亦复如是。虽得值遇三宝福田[③]，不勤方便修行善业[④]，忽尔命终，堕三恶道。如彼愚人，还为其主夺钱而去。如偈[⑤]所说：

今日营此业，明日造彼事。
乐著不观苦[⑥]，不觉死贼至。
匆匆营众务，见人无不尔。
如彼数钱者，其事亦如是。

【注释】

①一囊（nánɡ）：一口袋。

②能周：能数一遍。

③三宝福田：三宝，指佛、法、僧。佛，即创立佛教的乔达摩·悉达多，被尊称为释迦牟尼；法，即佛门义理；僧，即信奉佛教的僧众。福田，比喻信奉佛教犹如广种福分之田，有耕耘就会有收获。

④善业：善，好事，利人之事。业，原因。种善业，得善果。

⑤偈（jì）：即“颂”，是佛典中的唱词。

⑥乐著不观苦：乐著，执着于人生快乐。不观苦，不能认识人生的苦恼以及产生痛苦的原因、脱离苦海的方法。

【译文】

拾到一袋钱的比喻故事

从前，有一个穷人在道路上行走，偶然拾到一袋金钱。心里十分高兴，就马上数起钱来。还没能数完一遍，失主就赶了过来，把钱夺了过去。那位穷人当时十分后悔为何不快点儿离开，内心的懊丧使他苦闷极了。

那些有机会接触到佛教义理的人，也是如此。虽然遇到了佛、法、僧的机缘，修行如同广种福田，但却不勤奋努力，依戒、定、慧三学之法修行善因，很快生命终结，堕入地狱、饿鬼、畜生的罪恶道路。这就像拾到钱的蠢人，最后又被失主把钱夺回一样。这正如佛经唱词所说：

今天营生着这样的行业，
明天又从事那样的工作。
追求着享乐不认识苦恼，
在不知不觉中死亡降临。
忙忙碌碌地经营着事务，
世俗之人无一不是这样。
比如拾钱未数完就失去，
人生的事情也就是如此。

【辨析】

佛教把人生看作短暂的过程，把人生终结归纳为“诸行无常”。人面对的世界像一条流动的河水，都处在变动之中，“此生故彼生”，互为因果，善因有善果；“诸法无我”，正因为一切都在变，“我”也在变，因而“我非我，是名我”，我只是一种称谓罢了。“一切皆苦”，所谓一生下来，就与苦结下了不解之缘。想要的东西，哪怕望穿秋水，也终未能如愿；不要的事情，却总是摆脱不了。任你声名显赫，但衰老、疾病、死亡却是无法抗拒的。基于此，佛教宣传一切皆空，修证涅槃，来超脱现实生活中的苦难，给人们的心灵送上一片宁静、澄明；另一方面，又号召布施，广种福田，去收获现世和未来的善果。这就为人们的宗教实践活动指明了具体的做法，而受到善良、苦难的人们的诚心拥护。这些都具有极强的现实性，并且和人类本性中所具有的积极向上、人心向善的光明部分相吻合。这就是千百年来，佛教不断发展、演化和传播的重要原因。

九十一、贫人欲与富者等财物[①]喻

昔有一贫人，少有财物。见大富者，意欲共等。不能等故，虽有少财，欲弃水中。傍人语言："此物虽甚少，可得延[②]君性命数日。何故舍弃，掷著水中？"

世间愚人，亦复如是。虽得出家，少得利养。心有希望，常怀不足，不能得与高德者等获其利养。见他宿旧[③]有德之人，素有多闻多众供养[④]，意欲等之。不能等故，心怀忧苦，便欲罢道[⑤]。如彼愚人，欲等富者，自弃己财。

【注释】

①等财物：使财产相等。

②延：延续、维持。

③宿旧：宿，素来就有的。宿旧句指经过长期修行后有功德的人。

④多闻多众供养：多闻，对佛理学习广泛并信奉。多闻此处指道场有很多人听他说法。多众供养，有很多信众供奉。

⑤罢道：放弃佛门修行。

【译文】

穷人与富人比财产的比喻故事

从前，有一个穷人有一点儿财产，看见十分富有的人，想使自己的财产和他一样多。由于不能和富人相等，虽然有一点儿财产，他也想都扔到水中。旁边的人说："这些物品虽然少，可以维持你一段时间的生活，为何要抛弃，扔到水中呢？"

世上愚蠢的人，也是如此。这种人虽然已经出家修行，得到一些利益和供奉，但心里总希望有更多的利益，常感到不足，不能够和高僧获得的利益和供奉相等。他们看到经过长期修行有功德的人，一直有许多的人听他讲经说法、有许多信众供奉，心里总想和高僧一样。由于不能和高僧相比，他们心中总怀有忧愁苦恼，并想放弃佛门修行。这就像愚昧的人，由于不能和富人的财产相比，就要抛弃自己的财物一样。

【辨析】

面对青灯黄卷，在木鱼声声中修证佛理，句句佛号昭昭灵灵，方寸之中澄明寂静。冷眼世人潮起潮落，闲看天边云起云飞，心无杂念，空灵荡然，这固然是一种闲适淡远、悠然自得的超然境界。然人非草木，孰能无情？五蕴之身，难得耐住寂寞，佛门利趋名动，又何曾休止？因此，于世俗、于佛门，不出纷扰人世间，欲超然得心波不起，实为难觅。

与人攀比之心，人皆有之。没有对比，就没有鉴别，有了比较，才能知不足，从而奋力进取；知短而思长，知耻而后勇，从而见贤思齐。进一步比，则扬长而避短，博采众长，“是以泰山不让土壤，故能成其大；河海不择细流，故能就其深”（《史记·李斯列传》）。这其中积极的作用是不容忽视的。但如果一味攀比，不顾自身条件和客观环境，攀名逐利，以致不择手段，就会走向反面。我们主张比学习、比进步、比奉献，对于名利，则淡然而处之，这样在现实面前才能乐观豁达、仁善平和。从本篇看来，在“比”中，搞得悲观消极、不思进取的出家人，佛门对其也颇有微词，所以加以喻戒。

九十二、小儿得欢喜丸[①]喻

昔有一乳母，抱儿涉路[②]，行道疲极，眠睡不觉。时有一人持欢喜丸授与小儿。小儿得已，贪其美味，不顾身物。此人即时解其钳锁璎珞[③]衣物，都尽持去。

比丘亦尔，乐在众务愦闹[④]之处。贪少利养，为烦恼贼夺其功德戒宝璎珞。如彼小儿，贪少味故，一切所有，贼尽持去。

【注释】

①欢喜丸：一种食品，又称欢喜团，参见前注。

②涉路：长途跋涉，走远路。

③钳锁璎珞（qián suǒ yīng luò）：钳锁，戴在颈上的金属饰物。锁同锁。璎珞，由珠玉串成，戴在脖子上的装饰物。

④愦（kuì）闹：混乱热闹的地方。

【译文】

小孩只顾吃欢喜丸的比喻故事

从前，有一位奶妈抱着小孩子走远路，走得疲劳极了，休息

时不知不觉睡着了。这时有一个人拿着欢喜丸哄小孩。小孩得到后，觉得味道甜美，只顾贪吃不管身上和旁边的东西。这人马上解下小孩脖上戴的、挂的金属和珠玉串成的装饰物，连同衣服物品全都拿走了。

出家的和尚里也有这样的，喜欢到人多杂乱热闹的地方。贪图得到一点儿供奉，就会为欲望所困扰，失去如宝物的功德。就好比小孩，贪吃一点儿美味，所有的东西都被小偷拿走了。

【辨析】

顾此失彼，忙于应付，这样的事在生活中也是常有的。一个带着孩子的妇女，在困顿已极的时候睡着了，被路人见机哄骗孩子，偷走值钱的东西。善良的人们会自责，怨自己不谨慎。这则故事里则怪孩子贪吃，而真正应该受到谴责的小偷反倒被人们忽视了。一个“利”字当头、物欲横流的社会环境，必然会产生盗贼蜂起、欺诈伪善的社会问题。佛教把社会生活中的许多现象与产生的根源归结于人的贪欲、人性的丑陋，而不去洞察经济、政治和社会原因，是察之于微，失之于大，但其对于人心的透视，可以称得上是细致入微的了。人是社会的人，是一个群体。离群索居，个人殉道，于社会于自身都毫无价值。对于这一点，佛家在实践中倒是把“超脱”与“劝俗”结合在一起，中和为一体，又巧妙地把个人修行与“普度众生，出于苦海”结合。这样佛教作为一种超脱于世俗的宗教，其社会意义也就表现在其中了。

九十三、老母捉熊喻

昔有一老母，在树下卧。熊欲来搏[1]，尔时老母绕树走避，熊寻后逐，一手抱树，欲捉老母。老母得急即时合树捺熊两手[2]，熊不得动。更有异人，来至其所，老母语言："汝共我捉，杀分其肉。"时彼人者信老母语，即时共捉，既捉之已，老母即便舍熊而走。其人于后，为熊所困。如是愚人，为世所笑。

凡夫之人，亦复如是。作诸异论[3]，既不善好，文辞繁重，多有诸病，竟不成讫[4]，便舍终亡。后人捉之，欲为解释，不达其意，反为其困。如彼愚人，代他捉熊反自被害。

【注释】

①搏：抓、扑。柳宗元《三戒·黔之驴》中有老虎"终不敢搏"。

②合树捺熊两手：捺（nà），按。合树捺熊两手，将抱住树身的两只熊爪按住。

③异论：异端邪说。

④讫（qì）：终了，完毕。

【译文】

老婆婆捉熊的比喻故事

从前，有一位老婆婆在大树下躺着休息。这时来了一只熊要抓她，老婆婆绕着大树逃避，熊跟着追，用一只爪抱住树身，另一只爪绕过树要抓住老婆婆。老婆婆急忙将合抱住树身的两只熊爪按在树干上，使熊无法动弹。这时有一个人来到这里，老婆婆对他说："你和我共同把熊捉住后，杀了它把肉分给你。"这人听信了老婆婆的话，就一起按住熊爪。把熊按住后，老婆婆却丢下熊跑了。这人代替了老婆婆，被熊困住。像这样的蠢人，被人们嘲笑。

世上的人们，也同样如此。有人生出一些异端邪说，不仅内容不正确，在文章形式上重复冗长，而且有许多语言上的错误，以至于不能形成完整的结论，直至去世。后人接触到后，就试图为其做出解释，但始终不能表达出其原意，反而被问题困扰。这就与愚蠢的人代替老婆婆捉住熊爪反而使自己被害一样。

【辨析】

从故事看，后来者见老婆婆按住熊，原无相救的想法。体察人心，老于世故的老婆婆利用了人贪婪的心性，使自己脱身，让见死不救、见利勇为的那位后来人，尝到了苦果。但故事如果写成老婆婆脱身后，又叫人打死了害人的熊，使贪心的人既受到了教育，又不至于使老婆婆有骗人上当的行为似乎更完美一些。但作者显然没有这样来记叙，而是用了一种近乎残忍的笔法描述了世俗社会中常见到的损人利己、驱动于利的丑恶现象，从而无情地嘲弄了被扭曲的人性。本文在老婆婆与后来代替她的那个人之间并不是简单地以谁是好人、谁是坏人，或在谁善谁恶的辨别上做文章，而是揭示了人们之间普遍存在的利益关系。正因为如此，这个故事使人读完以后，掩卷思之，一方面为老婆婆按住熊爪的勇敢机智给予赞叹，同时又为她以利为诱饵，让人代她受难而感到遗憾；另一方面，既为后来人为利所驱，上来代人按住熊爪而感到庆幸，同时也为老婆婆趁机脱身，使代替她的人受困感到可悲。感慨之余，不能不为作者直指人心的洞察力和巧妙的艺术构思叹服不已。至于比喻部分，则向世人表现了佛门高僧对于文章义理和辞章的考究，虽无实指，但也会使人感到佛学义理的谨严、细致，充满着思辨的特征。

九十四、摩尼[1]水窦喻

昔有一人，与他妇通[2]。交通未竟[3]，夫从外来，即便觉之，住[4]于门外。伺其出时，便欲杀害。妇与人言："我夫已觉，更无出处，唯有摩尼可以得出。"欲令其人从水窦[5]出。其人错解，谓摩尼珠，所在求觅而不知处。即作是言："不见摩尼珠，我终不去。"须臾之间，为其所杀。

凡夫之人，亦复如是。有人语言，生死之中无常苦空无我。离断常二边[6]，处于中道[7]，于此中过，可得解脱。凡夫错解，便求世界有边无边[8]，及以众生有我无我，竟不能观中道之理，忽然命终，为于无常[9]之所杀害，堕三恶道。如彼愚人，推求摩尼，为他所杀。

【注释】

①摩尼：珠宝的总称。又有如意玉珠的称谓，指随意所求都能满足。

②通：通奸、私通。

③竟：完、结束。

④住：把住。

⑤水窦：孔穴、水道。

⑥断常二边：又称断常二见、边见。包括两种认识：一为断见，指世俗的人，只承认见得到的事物，看不到其过去、未来以及它的接续性；二为常见，认为有情之身心可以永远存在。佛教中，特别在原始佛教里，主张中道反对偏执于一说。

⑦中道：佛教术语，中指不二，不偏于两边，不走极端的认识。各宗派见解有别，但大体都上认为是佛门要义。其包括人生论和宇宙论等范畴。如小乘佛教有八正道及证悟十二因缘后的“中道”。大乘佛教亦有中观学派、瑜伽学派、中国天台宗等不同的“中道论”。大体上在永恒与短暂，有与无，生与灭，实与现象，外相之空、假等问题上各有侧重。

⑧有边无边：佛门术语。论事物有与无的义理。佛教认为一切事物都是凭借各种因缘生成，合成后表现为一个具体的事物，因此称为有、有边。但一切事物原无自性，从佛理看只是短暂的聚合，故称为无、无边。

⑨无常：佛门术语。指一切事物都在不断地变化。分为刹那无常和相续无常。民间亦称鬼，是索命鬼。

【译文】

如意宝珠与下水道的比喻故事

从前有一个人，跟别人的妻子私通。两人在交欢时，妇人的丈夫从外面回来马上发觉了这事，就守在门外，要等男的出来时杀死他。女人对男的说：“我丈夫已经发觉了，也没有别的出口了，只有如意宝珠可以让你出去了。”想让他从下水道出去。这人误解了她的话，以为有如意宝珠，就在屋里到处翻，但就是找不到。就说："我找不到如意宝珠，就不出去。"就在这时，被妻子的丈夫杀了。

世俗的人，也是如此。听人说在生死之间变幻无常，引起苦恼的各种因素到头来不过是一个空字，要破除有我的思想。脱离对无常和无因缘的偏执认识，处于中和的态度，这样不偏激，就可以得到人生的解脱。世人错误地理解了它，探求世界与一切事物是有还是无，各种生命的形式是有实相的我，还是无实相的我，却始终不能参悟中和的义理，直到短暂的人生结束，被索命的无常杀害，堕入地狱、饿鬼、畜生的苦难道路之中。这就与愚蠢的人，为了寻找如意宝珠，被人杀死一样。

【辨析】

《百喻经》涉及的社会生活是多层面的。佛教是一种在世界各地被广泛认同、广为流传的宗教，它在发展和流传的过程中要面对各民族与各地区出现的不同问题。诸如文化背景、风俗习惯，其"中道"的教义是中和各种矛盾，调节极端认识的理论法宝。也正因为如此，它有极大的灵活性、适应性，同时也有很大的变异性，使佛教在不同地区乃至同一地区的传播时发生变化，形成了众多的宗派。这些宗派不仅发展、丰富了佛门义理，表现出很强的适应性，而且运用各种文化形式，如音乐、绘画、雕刻、建筑等补充和说明了佛教教义，形成了蔚为大观的佛教文化体系。其文化在中国的影响远远超过了佛教本身,并形成了佛学,成为中国文人的传统学问。它有益于开启心智，自我调节；其大乘佛教中人皆可佛的教理，已变成千百万人数千年来相续的体验。放眼神州“天下名山僧占多”，好去处都让佛门抢了先，即便在水上也仍有“夜半钟声到客船”。义理与实践的巧妙结合,二者并行不悖。雅俗众生,各取所需,延续至今,“当代佛教”的提法也就成为自然的事了。如果只在义理旨趣上探究，虽能悟之其玄，但却难得其妙。而生活是一条走不完的路，文化则是一本写不尽、看不完的书。

九十五、一鸽喻[1]

昔有雄雌二鸽，共同一巢。秋果熟时，取果满巢。于其后时，果干减少，唯半巢在。雄瞋雌言："取果勤苦，汝独食之，唯有半在。"雌鸽答言："我不独食，果自减少。"雄鸽不信，瞋恚而言[2]："非汝独食，何由减少？"即便以嘴啄雌鸽杀。未经几日，天降大雨，果得湿润，还复如故。雄鸽见已，方生悔恨："彼实不食，我妄杀他。"即悲鸣命唤雌鸽："汝何处去！"

凡夫之人，亦复如是。颠倒在怀[3]，妄取欲乐，不观无常[4]，犯于重禁[5]，悔之于后，竟何所及，后唯悲叹，如彼愚鸽。

【注释】

①本题有作"二鸽"，根据内容，可通。作雌雄各一鸽，"一鸽"亦可。本文据《大正藏》。

②瞋恚而言：怨恨地说，采用拟人手法。

③颠倒在怀：本处指是非颠倒，心里不辨是非。

④不观无常：不认识事物的复杂和变幻。

⑤重禁：严重地违犯禁律，如杀死生灵、害人性命，于戒条

于法律所不容。

【译文】

只剩一只雄鸽的比喻故事

从前有一雄一雌两只鸽子，共同住在一个巢里。秋天果子成熟时，他们采集的果子装满了鸽巢。过了一段时间，果子变干减少，只堆满了半个鸽巢。雄鸽生气地对雌鸽说："采集果子辛苦，你却吃独食，现在只剩下一半了。"雌鸽回答："我并没吃独食，是果子自己减少了。"雄鸽不信，愤怒地说："不是你单独吃了，怎么会减少？"就用喙啄雌鸽，将她杀死。没过几天下了大雨，果子得到水的滋润，恢复原样，堆满了鸽巢。雄鸽见了，才恍然大悟，十分悔恨："她实际上没有吃果子，是我错杀了她。"便悲泣地拼命呼唤着雌鸽："你到哪去了！"

平庸的人，也是如此。心中是非颠倒，错误地随心所欲，不认识事物的复杂变幻，以至于严重地违犯了戒律、法令，这时才后悔，又怎能挽回？只能徒自悲叹，就像愚蠢的雄鸽一样。

【辨析】

由于无知造成的误会，在生活中并不多见，但由于误会造成的损失却并不少见。人们为了避免造成误解、正确反映现实，做出的努力是巨大的。换一种说法，可以推而广之地认为人类就是在不断进行着了解客观世界、了解彼此，努力去把握未来世界的工作。作者在本篇故事中，运用了拟人化的手法，将二鸽的悲剧展开，使读者很自然地联想到人们之间的相互理解、信任是多么重要。即便在商品经济的时代里，相互之间的诚意也是交往的前提。“以信为本”是成功的基础。

至于比喻部分，应当说是针对世人而言的。我们都是普通人，有着自己的喜怒哀乐。七情六欲，无所不在，任性而为之的事亦不在少数。在人生旅途中，不由自己把握的事情同样存在，当自己处在是非混淆的环境中,是很难达到“世人皆醉我独醒”的人生境界,相反“识时务者为俊杰”的认识反倒顺理成章。物竞天择、适者生存的自然法则，更容易使人顺时而变、随遇而安。还有“但愿长醉不复醒”的混世态度，就更使人痛心。因此，做一个不为自己的行为而后悔的人不难，但做一个能明辨是非曲直、洞察世事的人却是很不容易的。

九十六、诈称眼盲喻

昔有工匠师，为王作务[①]，不堪其苦，诈言眼盲，便得脱苦。有余作师[②]闻之,便欲自坏其目,用避苦役。有人语言：“汝何以自毁，徒受其苦？”如是愚人，为世人所笑。

凡夫之人，亦复如是。为少名誉及以利养，便故妄语，毁坏净戒[③]。身死命终，堕三恶道。如彼愚人，为少利故，自坏其目。

【注释】

①作务：干活，服劳役。

②余作师：其他的工匠师。

③净戒：修持清澄纯净的言行、思想，维护戒律的自觉行为。所谓信守戒律如保护明珠即是本意。净戒是佛门专用术语。

【译文】

谎称眼瞎的比喻故事

从前，有一位工匠师傅为国王服劳役，实在不堪忍受劳苦，就谎称自己的眼瞎了，于是得以摆脱了劳苦。另有一位工匠师傅知道了，想弄瞎自己的眼睛，以逃避苦役。有人对他说："你为何要自己毁坏自己，白白地遭受痛苦呢？"像这样的愚人，被人们所嘲笑。

平庸的人，也是如此。为了一点儿名利和福利、供奉，就故意信口胡言，诋毁和破坏信守清净纯洁的行为和戒律。这样死后遭恶报，堕入地狱、饿鬼、畜生的境遇。就好像愚昧的人，为了一点儿眼前的利益，不惜弄瞎自己的眼睛一样。

【辨析】

在这个故事里，人们似乎可以看到古代印度社会发展的一个历史阶段的缩影。封建王权的统治已经建立起来，社会分工也逐渐明确，出现了专门从事手工业劳动的人——工匠，同时也使人们看到了封建王权的残酷性。工匠们在严酷的条件下为王室服劳役，以至于不堪忍受，无论是谎称眼瞎，还是想自伤其眼，都是承受力不支的变异反应，也是封建统治者不遗余力压榨人民的真实写照。这种状况在世界史中并不是孤立、偶然的，而是具有普遍性的。中国历史上建立了第一个统一封建王朝的秦始皇，自公元前 221 年登基后，就征派了七十万的"刑徒"工匠去修建阿房宫和骊山墓。修陵墓的工程从他十三岁当秦王到五十岁死亡，历时达三十七年之久。其当政期间，繁重的徭役和严酷的刑律，绝不在古印度王权的残暴之下。连南宋末年礼部尚书王应麟撰写的古代儿童的启蒙读本《三字经》中都有"嬴秦氏，始兼并”。大一统的皇朝给人民带来的只是更残酷的压榨。这里我们并无意否定统一的封建国家在历史发展中所起到的进步作用。与中国封建社会相比，印度古代历史上统一的局面短暂，除公元前3世纪初的阿育王时期有过一次形式上的统一外，大都处在各诸侯国的争斗中，而人民的苦难与战乱是紧密相连的。

佛教在人民的苦难面前是软弱无力的，要求信众深信因果，遇到苦难不怨天尤人，以忍字当先，以渡难关，不使雪上加霜，灾上加祸。企望业满灾消，能够逢凶化吉，遇难呈祥，在安身立命、心地清净中求得解脱。

九十七、为恶贼所劫失氎[1]喻

昔有二人，为伴共行旷野。一人披一领氎，中路为贼所剥。一人逃避，走入草中。其失氎者先于氎头[2]裹一金钱，便语贼言："此衣适可直一枚金钱，我今求以一枚金钱而用赎之[3]。"贼言："金钱今在何处？"即便氎头解取示之，而语贼言："此是真金。若不信我语，今此草中，有好金师[4]，可往问之。"贼既见已，复取其衣。如是愚人，氎与金钱，一切都失。自失其利，复使彼失。

凡夫之人，亦复如是。修行道品[5]作诸功德，为烦恼贼[6]之所劫掠，失其善法，丧诸功德。不但自失其利，复使余人失其道业[7]。身坏命终，堕三恶道。如彼愚人，彼此俱失。

【注释】

①氎（dié）：细棉布。一领氎，一件细布制成的外套。

②氎头：衣服的领子。

③赎（shú）之：用钱换回外套。

④金师：打造黄金制品的工匠师傅或鉴别金银器皿和制品的师傅。

⑤道品：指经过修行证悟通往解脱的涅槃之路的道路和方法，以及不同人等的区别和层次。分为三十七科或三十七道品，亦称

三十七分法等。道指通，品指类。

⑥烦恼贼：由六根生烦恼，以烦恼喻贼，使人心中不得清净、安宁。

⑦道业：可得佛果之因，称为道业。以善行修持的诸因，带来成佛之果。

【译文】

被强盗夺去外套的比喻故事

从前，有两个人结伴而行到荒野。一个人披着一件细棉布织成的外套，在半路上被强盗夺走。另一人逃脱后，在草丛里躲起来。这个失去外套的人，在被抢的外套领子里藏了一枚金币，就对强盗说："这件衣服刚好能值一枚金币，我现在请求用一枚金币赎回外套。"强盗说："金币现在何处？"这人就解开外套的领子取出金币给他看，并对强盗说："这是真金。如果不信我的话，在草丛里有一位高明的金匠，你可以去问他。"强盗既发现了躲起来的人，也夺走了他的衣服。这样的愚人，将外衣与金币，都让强盗得到了。不仅自己丧失了财物，还使同伴也损失了衣服。

平庸的人，也是如此。修行通往涅槃之路的各种方法，做出了一些有利众生的善行，但由于六根不净，被各种烦恼迷惑，让欲望之贼夺去了修行的心志，丧失从善的方法的同时也失去了各种善行。不仅使自己失去了利益，还使和自己有缘的人也丧失了通向解脱之路的善因。当性命终结时，堕入地狱、饿鬼、畜生的罪恶之路。就像愚蠢的人，使自己和同伴的财物都丧失了。

【辨析】

这部《百喻经》共收了九十八篇比喻故事，涉及盗贼的内容有十二篇。人们读到强盗、小偷往往容易产生厌恶情感，这是完全正常的情结，毕竟人人都希望有一个安定的环境和有安全保障的生活。但是如果盗贼蜂起，恰恰反映出当时社会的动荡和混乱，社会矛盾的冲突和激化、分配的不公，种种天灾人祸都是产生非偷即盗的社会土壤。而宗教正是被压迫的人们所希图的一种心灵慰藉，它在某种意义上满足了人们精神上的需要，社会的不平等正是宗教产生的社会根源。只要不平等的现象还存在，宗教就仍然存在着滋生的土地，当这种不平等完全消失的时候，它仍然会作为一种历史文化现象与人类相伴。因此，了解各种宗教，认识宗教文化的人民性、广泛性是一项十分重要的教育内容，忽视它是不正确的。应当指出，许多宗教都包含着对人类终极的关怀，对于众多无法把握人生命运的人来说，它是亲切的。进一步说就是人类在面对自然和社会时仍感到无奈的时候，宗教就会现身。

在比喻部分，不难看出佛教对信众的要求是很严格的。做一些有益的事情或仅有一段时期良好的品行是不够的，它要求人用一生的修持来体验和证悟，是一种韧的追求。佛学在开启人的心志与追求上所运用的引导方式，对于每一位优秀的教育工作者来说，都不乏借鉴意义。

九十八、小儿得大龟喻

昔有一小儿，陆地游戏，得一大龟。意欲杀之，不知方便[①]。而问人言："云何得杀？"有人语言："汝但掷置水中，即时可杀。"尔时，小儿信其语故，即掷水中，龟得水已，即便走去。

凡夫之人，亦复如是。欲守护六根[②]，修诸功德，不解方便，而问人言："作何因缘而得解脱？"邪见外道天魔波旬[③]，及恶知识而语之言："汝但极意六尘[④]，恣情五欲[⑤]，如我语者，必得解脱。"如是愚人，不谛思惟[⑥]，便用其语，身坏命终，堕三恶道。如彼小儿，掷龟水中。

此论我所造，合和喜笑语。
多损正实说，观义应不应。
如似苦毒药，和合于石蜜。
药为破坏病，此论亦如是。
正法中戏笑，譬如彼狂药。
佛正法寂定，明照于世间。
如服吐下药，以酥润体中。
我今以此义，显发于寂定。
如阿伽陀[⑦]药，树叶而裹之。

取药涂毒竟[⑧]，树叶还弃之。
戏笑如叶裹，实义在其中。
智者取正义，戏笑便应弃。
尊者僧伽斯那造作《痴华鬘》竟[⑨]。

【注释】

①方便：方法，此处当不知如何下手解。

②守护六根：使眼、耳、鼻、舌、身、意不受外界的诱惑。

③天魔波旬：波旬，魔王名。天魔波旬，第六天的魔王，亦称杀者。其常放纵自己，有无数亲眷，对修行佛法的人进行阻挠。

④极意六尘：极意，极力着意。六尘：亦称六境，与六根合称“十二处”，包括内六处，即六根中眼、耳、鼻、舌、身、意所对应的感觉认识和“外六处”，即六尘中色、声、香、味、触、法（由欲望产生的认识）这六种境界。此六境被认为是产生物欲的基础，如尘埃能污染人的思想和行为。故又称六妄、六贼。

⑤恣情五欲：恣情，恣意纵情。五欲，为追求六境中的五境而起的“五妙欲”，为妙色、声、香、味、触。又指财欲、色欲、名欲、饮食欲、睡眠欲。佛教认为这是众生产生烦恼、流转生死、不能超脱的直接原因。

⑥不谛思惟：不认真地观察思考。

⑦阿伽陀：药名，相传该药能去除众疾，使人健康无病，且功兼诸药。

⑧竟：完毕、结束。此处指毒素全都消失。

⑨尊者僧伽斯那造作《痴华鬘》竟句：

a. 尊者，具有品德和智慧，德高望重的人。

b. 僧伽斯那，古天竺高僧。

c. 造作，撰著。

d.《痴华鬘》,《百喻经》的别名,意为愚人们的许多奇妙故事。

e. 竟，结束。

全句为:德高望重的僧伽斯那著述的《痴华鬘》一书写完了。(全文由求那毘地汉译)

【译文】

孩子捉到大海龟的比喻故事

从前，有一个小孩子在海边玩耍，捉到了一只大海龟。他想杀死它，又不知怎样下手。就问别人说："怎样可以杀死它呢？"有一人对他说："你一旦将它扔到海水中，就可以立刻将它杀死。"这时,小孩子相信了他的话,就把海龟扔到海水里。海龟一到水里，就很快游走了。

世俗的人，也是如此。想抵御外界对感官和思想的诱惑，修行各种善事，由于不了解有哪些方法，就问别人说："要做哪些事才能得到解脱呢？"阻挠佛门修行的魔王波旬，以其邪恶的认识对他说："你只要极力着意于色、声、香、味、触、法这六种产生欲望的境界,恣意纵情于财、色、食、名、睡眠这五种欲望中。如能按我所说的做，一定能得到解脱。"如果愚昧的人不认真地观察思考，照他的话去做，就败坏了自己。其在死亡时，会堕落到地狱、饿鬼、畜生三种受苦难的境地。就像那个孩子，把海龟扔到大海中一样愚蠢。

书中的论述我所写，
融和着笑言与戏语。
未必是正确的叙说，
体察于应该不应该。
似治病苦涩的良药，
要掺和甘甜的蜂蜜。
进药是为了治好病，
进行的议论同此理。
寓佛门义旨于机趣，
譬如那治痴狂的药。
正确澄明寂静广袤，
像日月普照在世间。
如排秽吐泄的汤药，
把柔和温润留心间。
我这里表达的义理，
为弘扬阐发于静寂。
像去除众疾的灵药，
要用树木嫩叶包裹。
使用后能药到病除，
外面的裹叶就舍弃。
戏言笑语如外层叶，
真谛与理义在其中。
智慧之人汲取真义，

嬉戏笑言随即抛弃。

德高望重的僧伽斯那著述的《痴华鬘》就此撰写完毕。

【辨析】

本篇将小孩子轻信他人的话，把捉到的海龟放归大海的故事，引喻为修行之人受邪恶的认识误导，反受其害，从而表现出对佛学之外的其他人生哲学的指责和排斥。从我们对佛学以及其他印度各派哲学的涉及和初步的介绍上，可以看出印度哲学是一个丰富的宝藏，呈现出一个十分庞大而又繁杂的状态。无论是婆罗门教的各派哲学，或是在被称为“异端”的顺世派唯物主义哲学，以及佛教哲学都形成了自身十分精密的体系。特别是佛学把人类的思维能力与宗教信仰相结合，使其无论在义理的深奥、论证的严谨上都达到了无以复加的程度，人们应当对此给予重视，认真地加以研究。它不仅具有理论意义，同时具有现实意义。比如，在故事中可以抛开孩子的初衷不变，仅就他请教大人、听信于人的结果，就可以提醒每一位成年人，自己对儿童有引导和启发的义务，不同的引导会带来不同的效果和结局，以此增强人们的社会责任感。另外，对于具有成熟理性思维的人来说，不同的人阅读历史故事时会产生不同的理解，生发出不同的联想。人们也许会指责大人的欺骗行为，但我们更应告诉孩子，凡事要动脑子，不要轻信于人；环境保护者对诱使孩子将海龟放归水中投之于理解和赞许；中国佛教中的大乘佛教信众，对于被“掷水”的海龟，也会道一声“善哉”。凡此种种，都是可以被人们理解、领会的。现代人看古代作品，尽管生活发生了很大的变化，但基本的道理仍然会保留下来。古今相续，义理相继。

图书在版编目（CIP）数据

百喻经新解 / 荆三隆，邵之茜著. — 西安 ：太白文艺出版社，2017.9
（三隆讲经堂 / 荆三隆主编）
ISBN 978-7-5513-0980-6

Ⅰ. ①百… Ⅱ. ①荆… ②邵… Ⅲ. ①佛经 ②《百喻经》—研究
Ⅳ. ①B942.1

中国版本图书馆CIP数据核字（2017）第186594号

百喻经新解
BAIYUJING XINJIE

作　　者	荆三隆　邵之茜
责任编辑	陈　昕
特约编辑	谭秀丽
整体设计	灵动视线
出版发行	陕西新华出版传媒集团 太白文艺出版社（西安北大街147号　710003） 太白文艺出版社发行：029-87277748
经　　销	新华书店
印　　刷	北京旭丰源印刷技术有限公司
开　　本	960mm×640mm　1/16
字　　数	240千字
印　　张	23
版　　次	2017年9月第1版　2017年9月第1次印刷
书　　号	ISBN 978-7-5513-0980-6
定　　价	42.80元